ALL NEW
브리태니커 지식 백과

신비롭고 다양한
생물

머리말

엔사이클로피디어 브리태니커는 아주 오래 전인 1768년부터 흥미로운 지식들을 모아서 독자들이 즐겁고 재미있게 익히는 데 도움이 되도록 노력해 왔어요. <브리태니커 지식 백과>도 여러분을 재미있는 지식의 바다로 안내하는 책이에요. 여러분이 페이지를 넘길 때마다 새로운 탐험거리가 넘쳐날 거예요.

이 책에 나오는 모든 놀랍고 흥미진진한 내용은 언제든지 바뀔 수가 있어요. 아직 답을 알아내지 못한 수수께끼를 풀게 되면 새로운 사실이 또 밝혀질 테니까요. 그러니 '밝혀지지 않은 이야기' 코너를 특히 잘 봐두세요. 이 책을 만드는 데 도움을 준 여러 학자와 전문가들은 지금도 지식의 경계를 허물고 또다시 만들어가면서 열심히 '정확한' 지식을 찾고 있어요. 그분들 덕분에 우리는 세상을 더 잘 이해할 수 있게 되지요. 세상을 더 잘 이해한다는 건, '무엇을 아직 모르고 있는지도 안다'는 뜻이에요.

우리는 '사실'이 중요하다고 믿어요. 그래서 책에 싣는 모든 내용이 사실인지 철저하게 확인하며 정확한 것만을 담기 위해 노력해요. 엔사이클로피디어 브리태니커는 250년 넘게 전문가들과 함께 혁신을 추구하면서 연구와 탐구에 헌신해 왔어요. 그 오랜 역사 끝에 브리태니커와 왓언어스 출판사가 손잡고 크리스토퍼 로이드와 함께 펴낸 이 <브리태니커 지식 백과>를 어린이들에게 소개하게 되어 매우 기뻐요.

제이 루버링
엔사이클로피디어 브리태니커 편집장

차례

생물의 세계: 크리스토퍼 로이드	5
생명의 기원	6
진화의 과정	8
생물의 분류	10
현미경 속의 세계	12
식물과 균류	14
동물	16
곤충	18
생태계	20
우림	22
타이가와 온대림	24
초원	26
에베레스트산	28
사막	30
민물에 사는 생물	32
바닷가	34
산호의 위기	36
먼바다	38
깊은 바다	40
지구의 두 끝	42
얼음이 녹고 있다	44
도시의 야생 동물	46
자연의 힘 이용하기	48
전문가에게 물어봐!	50
퀴즈	51
낱말 풀이	52
찾아보기	53
참고한 자료	55
사진과 이미지 출처·이 책을 만든 사람들	56

꽃무지와 같이 단단한 갑옷을 입은 딱정벌레는 지구에서 가장 종류가 많은 곤충이다. 딱정벌레는 극도로 혹독한 기후만 아니면 어떤 환경에서나 살아남을 수가 있어, 남극 대륙을 제외한 전 세계의 모든 대륙에서 볼 수 있다. 크기와 색깔과 모양이 무수하게 다른 딱정벌레는 지구 생물의 아름다운 다양성을 잘 보여주는 완벽한 표본이라 할 수 있다.

생물의 세계

크리스토퍼 로이드

생물의 세계는 놀라운 보물 창고 같아요. 물 위를 걸을 수 있는 거미, 어둠 속에서 빛나는 물고기도 있어요. 동물을 먹는 식물, 냄새로 뜻을 전하는 나무들도 있지요! 더욱 놀라운 사실은, 지구에는 우리가 아직 발견하지 못한 생물이 더 많다는 점이에요. 달 표면에 대해 알고 있는 것보다 깊은 바닷속 생물에 대해 밝혀진 것이 더 적을 정도랍니다. 이미 발견된 딱정벌레가 36만 종이나 되는데도, 생물학자들은 발견하지 못한 딱정벌레 수백만 종이 더 있다고 생각해요.

이 책에서 여러분은 생물이 다양성을 토대로 번성한다는 것을 알게 될 거예요. 서로 다른 생물들이 서로 다른 환경에 열심히 적응하면서 정말 다양한 모습으로 살아가고 있다는 것 말이에요. 그게 왜 중요하냐고요? 우리 지구에 심각한 변화가 일어나더라도 몇몇 생물들은 살아남고, 다시 번성할 거니까요. 그렇게 생명은 계속 이어질 거예요. 그러나 큰 문제가 있어요. 사람들이 생물의 다양성을 파괴하고 있거든요. 태평양을 떠다니는 거대 쓰레기 섬이 바다 생물들에게 끼치는 해악에 관해서, 웅장한 아마존 열대 우림의 파괴에 대해서 읽어 보세요. 우리가 생물들의 세계를 최대한 많이 아는 것이야말로 이런 문제들을 해결하는 데 도움이 될 거예요. 전문가 선생님들의 말에서 아이디어도 얻고, 지구에서 생물들이 잘 지내게 하려면 무엇을 해야 할까도 한 번 생각해 보아요!

흑백의 연기를 내뿜는 굴뚝

생명의 기원에 대한 이론 가운데 깊은 바다 밑 뜨거운 물이 솟는 샘인 '열수구'에서 생명이 시작되었다고 하는 설이 있다. 지구 깊은 속에 갇혀 마그마에 의해 가열된 물이 높은 압력에 밀려 분출되는 곳이다. 열수구의 물에는 각종 무기질이 들어 있어 연기처럼 뿌옇게 보인다. 학자들은 열수구의 높은 온도와 압력 환경에서 유기 화합물과 촉매 역할을 하는 무기질이 만나 자신을 복제하는 분자가 합성되고, 점차 생물 세포로 진화했을 것이라고 추정하고 있다.

연기처럼 보이는 물의 색깔은 검은색이나 흰색인데, 어떤 무기질이 들어 있느냐에 따라 색깔이 달라진다.

분출된 물에 섞여 나온 무기질이 쌓여 굴뚝처럼 생긴 구조물이 형성된다.

생명의 기원

지구에 생명체가 나타난 것은 거의 40억 년 전이었던 것으로 추정된다. 어떻게 생명체가 나타났는지는 아무도 모르지만, 어느 순간 갑자기 발생한 것이 아니라, 수백만 년에 걸쳐 서서히 이루어졌을 것으로 보인다. 몇몇 과학자들은 생물이 아닌 화학 물질들이 모여 있는 상태에서 무기질의 촉매 작용을 통해 스스로 복제하는 물질이 만들어지고, 이 물질이 점차 생물 유기체로 바뀌었을 것이라고 생각한다. 생물 유기체는 에너지를 사용하여 성장하고, 번식하고, 변화하는 능력이 있다.

사실은!

생물 유기체가 생겨난 후 처음 10억 년 동안은 단세포 미생물이 지구의 유일한 생물이었다. 다세포 유기체로 진화한 것은 커다란 진전이었다. 스스로 돌보며 혼자 생활하던 단세포 시절을 벗어나 여러 세포가 임무와 자원을 나누어 서로 돕게 되었기 때문이다. 과학자들은 이 일이 일어난 시기가 적어도 25억 년 전이었을 것이라고 여긴다.

도움말 주신 전문가: 마이클 베이 **함께 보아요:** 판구조론, 2권 16~17쪽; 화산, 2권 18~19쪽; 어마어마한 수정!, 2권 26~27쪽; 화석, 2권 30~33쪽; 생물의 화학, 3권 26~27쪽; 진화의 과정, 4권 8~9쪽; 현미경 속의 세계, 4권 12~13쪽; 동물, 4권 16~17쪽

지구의 초기 생물

지구에 있던 생명체에 관한 가장 오래된 증거는 무엇일까? 얼마 전까지만 해도 35억 년 전의 세균 화석이 가장 오래된 증거였다. 2016년 오스트레일리아의 과학자들이 그린란드의 암석에서 37억 년보다 더 오래된 미생물 화석을 발견했다. 지구에는 우리가 아직 발견하지 못한 더 오래된 초기 생물의 증거가 남아 있을 가능성도 있다.

16억 년 전
붉은색의 바닷말인 조류가 나타났다.

46억 년 전
지구가 형성되었다.

37억 년 전
미생물이 나타났다.

23억 년 전
산소 대폭발 사건이 일어났다.

6억 년 전
연체 무척추동물이 나타났다.

산소 대폭발 사건

지구가 형성된 뒤 처음 20억 년 동안은 산소가 거의 없었다. 생명체가 나타난 후, 바닷속에 있는 미생물인 남세균이 햇볕을 이용해서 물과 이산화 탄소에서 에너지를 만드는 능력을 갖추게 되었다. '광합성'이라고 하는 이 과정을 통해 산소가 배출되었는데, 남세균이 활발하게 번식하면서 공기 가운데 산소의 비율이 크게 높아지게 되었다. 이를 '산소 대폭발 사건'이라고 한다. 이 사건이 없었다면 산소를 많이 사용하는 복잡한 생물은 나타나지 못했을 것이다.

살아 있는 암석들

오스트레일리아 서부 해멀린 풀의 바닷가에는 동글동글한 암석처럼 보이는 스트로마톨라이트가 수없이 깔려 있다. 스트로마톨라이트는 바위가 아니라 살아 있는 남세균이 뭉쳐서 형성된 것으로, 물속에 잠기면 보글보글 산소 방울이 올라오는 것을 볼 수 있다. 이 남세균의 먼 조상이 산소 대폭발 사건을 일으켰을 때인 25억 년 전에서 5억 4000만 년 전 사이에는 스트로마톨라이트가 지구에 아주 많이 있었다.

전문가의 한마디!

마이클 베이
생물학자

마이클 베이 교수는 오늘날의 생물을 이해하기 위해 지구에서 어떻게 생물이 진화했는지 알고 싶어 한다. 왜 어떤 동물들은 서식지를 잃으면 생존을 위협받고, 다른 동물들은 적응을 잘하는 것인지, 구체적으로 어떤 점이 동물을 환경 변화에 민감하게 하거나 적응하지 못하게 하는지 연구하고 있다.

❝ 동물을 연구하는 건 정말 재미있고 보람찬 일이에요. ❞

진화의 과정

진화는 어느 생물에게 일어난 특성의 변화가 한 세대에서 다음 세대로 전해지는 것이다. 어떤 특성이 없는 생물보다 있는 생물이 환경에 더 잘 적응했기 때문에 그 특성들이 계속 전해 내려왔을 것이다. 이런 과정을 '자연 선택'이라고 한다. 소나무나 개와 같은 생물의 기본이 되는 종류를 '종'이라고 하는데, 종 가운데 어떤 특성을 가진 개체들이 많아지면 종이 진화한다.

브론토르니스는 알려진 새들 가운데 가장 큰 두개골을 가졌고, 부리는 살점을 찢기 좋은 구조로 되어 있었다.

작은 날개는 걷는 동안 평형을 유지해주는 역할을 했고, 짝짓기를 위해 관심을 끌려고 파닥거리는 데에도 쓰였다.

브론토르니스의 키는 2.8미터였고 무게는 400킬로그램으로, 지금까지 존재한 새들 가운데 세 번째로 무겁다.

무시무시한 발톱이 달린 길고 강력한 두 다리로 먹잇감을 차거나 꼼짝 못 하게 붙잡을 수 있었다. 브론토르니스는 뛰는 새라기보다는 걷는 새였을 것이다.

아스트라포테리움은 브론토르니스와 같은 시기에 살았던 동물로, 멧돼지보다 코가 긴 동물인 맥이나 코끼리와 닮은 원시 포유류였다. 브론토르니스가 즐겨 사냥한 먹잇감이었을 것이다.

공포의 새

새는 살아 있는 공룡이다. 6600만 년 전에 일어난 공룡들의 대멸종을 피해 몇몇 공룡들은 공포의 새 브론토르니스와 같은 무서운 동물로 진화했다. 공포의 새는 공룡과 같은 천적이 없는 환경에서 6000만 년 동안 남아메리카 대륙의 최상위 포식자가 되었다. '포식자'는 다른 동물을 먹이로 하는 동물을 말한다.

도움말 주신 전문가: 마이클 베이 함께 보아요: 화석, 2권 30~31쪽; 공룡을 찾아서, 2권 32~33쪽; 생물의 기원, 4권 6~7쪽; 생물의 분류, 4권 10~11쪽; 생태계, 4권 20~21쪽; 자연의 힘 이용하기, 4권 48~49쪽; 대량 멸종, 8권 34~35쪽

시간 · 가장 새로운 암석 · 가장 오래된 암석

고대 생물의 모양은 어떻게 알아낼까?

과학자들은 암석이 형성된 시기에 따라, 암석에 들어 있는 화석을 비교해서 생물의 한 종이 어떻게 진화했는지 연구하고 있다. 동물의 뼈와 같이 단단한 부분은 화석으로 남을 때가 많지만, 살과 같이 연한 부분은 거의 남아 있지 않아서 모양을 알기 어렵다. 과학자들은 현대의 동물 모양을 바탕으로 고대 동물이 어떻게 생겼는지를 알아낸다.

세상을 바꾼 인물

찰스 다윈
영국의 생물학자, 1809~1882년

1858년 영국의 과학자 찰스 다윈과 앨프리드 러셀 월리스는 인간을 포함한 모든 생물이 자연 선택을 통해 진화했다는 논문을 발표해 세상을 충격에 빠뜨렸다. 그들은 이것이 지구 생물의 다양성을 설명해 준다고 말했다. 다음 해에 다윈이 펴낸 <종의 기원>은 신이 모든 생물을 현재의 생김새대로 창조했다고 믿던 많은 사람들을 놀라게 했다.

색깔 바꾸기

진화는 100만 년 전뿐 아니라 지금도 진행되고 있다. 19세기 영국의 회색가지나방은 거의 하얀색이어서, 서식지인 하얀 자작나무에 붙어 있으면 눈에 잘 띄지 않았다. 가끔 검은색을 띤 나방이 태어나면 금방 새의 눈에 띄어 잡아먹혔다. 영국의 산업혁명으로 엄청나게 공장이 늘어나자, 석탄 연기 때문에 나무들이 검게 변했다. 이번에는 하얀색 나방들이 눈에 잘 띄어 새에게 잡아먹혔고, 검은색 나방들은 살아남아서 번성했다. 곧 검은색 나방들이 대다수를 차지하게 되었고 하얀색 나방들은 드물어졌다!

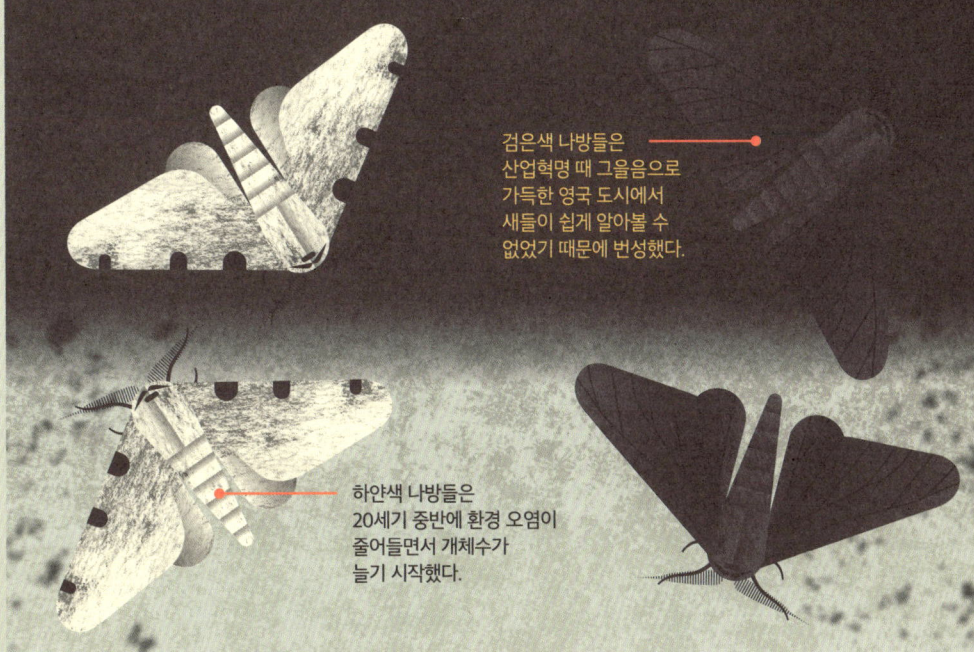

검은색 나방들은 산업혁명 때 그을음으로 가득한 영국 도시에서 새들이 쉽게 알아볼 수 없었기 때문에 번성했다.

하얀색 나방들은 20세기 중반에 환경 오염이 줄어들면서 개체수가 늘기 시작했다.

사실은!

살아 있던 종들의 99.9퍼센트 이상이 멸종했다. 먹이 경쟁 때문에 사라진 종도 있고, 서식지가 변해서 멸종한 종도 있다. 화산 폭발로 몇 종이 사라졌다. 지구에 소행성이 충돌했을 때에는 공룡이 멸종했다. 최근에는 인간의 활동이 동물들을 멸종으로 몰아가고 있다.

밝혀지지 않은 이야기

공룡이 다시 돌아올 수 있을까?

만일 과학자들이 공룡의 DNA를 찾아낼 수 있다면 공룡을 복원할 수도 있을 것이다. 호수의 퇴적물 화석 속에 보존된 공룡 시대 흡혈 모기에게서 공룡의 DNA를 찾을 수 있다고 생각하는 과학자들도 있다. 지금까지는 아무도 발견하지 못했지만, 아직도 찾는 사람이 있다.

생물의 분류

생물학자들은 같은 특성을 가진 생물끼리 나누어 정리했는데 이 과정을 '분류'라고 한다. 이렇게 하면 생물들이 서로 어떻게 연관되어 있고 어떻게 진화하는지 잘 이해할 수 있다.
고대 그리스인들은 자연계를 간단하게 동물과 식물로 분류했다. 그 후의 분류 체계는 생물이 어떻게 번식하는지, 어떻게 산소를 얻고 어떻게 에너지를 만들어내는지에 따랐다. 지금의 과학자들은 유전자를 이용해 생물들이 어떻게 연관되어 있는지 알아낸다.

5개의 계

주요 분류 체계 가운데 하나는 생물계를 5개의 계로 나누는데, 동물계, 식물계, 균계(곰팡이, 효모, 버섯), 원생생물계(아메바와 조류), 원핵생물계(세균)이다. 얼음이나 끓는 물과 같은 극한의 장소에서도 살 수 있는 고균은 다른 세균과 달리 별도의 계로 따로 분류해야 한다고 주장하는 과학자들도 있다.

도움말 주신 전문가: 디노 마틴스 함께 보아요: 진화의 과정, 4권 8~9쪽; 현미경 속의 세계, 4권 12~13쪽; 식물과 균류, 4권 14~15쪽; 동물, 4권 16~17쪽; 곤충, 4권 18~19쪽; 인간이 되다, 5권 6~7쪽; DNA와 유전학, 5권 10~11쪽

상대적 생물량(탄소, 억 톤)

식물 4500

원핵생물 780

균류 120 | 원생생물 40 | 동물 20

생물량 측정

생물량이란 한 영역 내에 있는 생물의 전체 무게나 양을 말한다. 생물량은 어떤 생물 집단이 1년 동안 탄소를 얼마나 많이 생산하고 축적하느냐로 측정할 수 있다. 식물보다 세균의 수가 훨씬 더 많지만, 식물은 생물 가운데 가장 탄소를 많이 함유하기 때문에 생물량이 가장 크다.

분류의 단계

생물을 단계로 나누는 것을 '계통'이라고 한다. 분류의 단계는 한 종이 속하는 더 큰 집단을 한눈에 보여준다. 집에서 기르는 고양이 종이 속한 고양이속은 고양잇과에 속하는데 여기에는 사자나 호랑이 같은 큰 고양잇과 동물도 포함된다. 고양잇과는 주로 고기를 먹는 동물이 모인 식육목에 속하며, 식육목은 새끼를 낳아 젖을 먹이는 포유류가 모인 포유강에 속한다. 포유강은 등뼈가 있는 동물인 척삭동물문에 속하고, 척삭동물문은 동물 전체의 모임인 동물계에 속한다.

동물계
척삭동물문
포유강
식육목
고양잇과
고양이속
고양이종

특성이 같은 것끼리

땅거북이 파충류로 분류되는 이유 가운데 하나는 껍질이 연한 알을 낳는다는 것이다. 파충류 대부분이 이런 알을 낳는다.
생물학자들은 한 종이 속하는 집단을 결정할 때 이렇게 같은 특성이 무엇인지 살펴본다. 포유류가 포유강에 속한 동물이듯, 파충류는 파충강에 속한 동물을 말한다. 조류는 조강에 속한 동물들이다.

종이란 무엇일까?

생물 분류에서 종은 가장 낮은 단계의 분류로, 소나무나 호랑이와 같이 같은 유전자를 가진 자손을 낳을 수 있는 집단을 말한다. 여우원숭잇과에는 검은여우원숭이, 호랑이꼬리여우원숭이와 같이 많은 종이 있는데, 공식적으로 인정된 종이 전보다 두 배나 많아졌다. 몰랐던 종을 발견해서가 아니라, 여우원숭잇과 고유의 DNA를 발견했기 때문이다. 지금은 DNA가 2퍼센트 다르면 다른 종으로 구분하는 것이 어떨까 생각하는 생물학자들도 있다. 생물학자들이 인정하고 있는 여우원숭이 종은 현재 100종이 넘는다.

밝혀지지 않은 이야기

생물의 종은 얼마나 될까?

지구에 생물의 종이 얼마나 되는지는 아무도 모른다. 현대에는 지구 곳곳의 오지와 깊은 바닷속의 탐험도 가능해져서 계속 새로운 종들을 찾아내고 있기 때문이다. 가장 최신의 수치는 880만 종이지만 아직도 수백만 종이 더 있을 것이다!

사실은!

그레타 툰베리의 이름을 딴 딱정벌레가 있다! 학술적인 구분을 위해 붙이는 동식물의 이름을 '학명'이라고 하는데, 오래전 케냐에서 발견된 딱정벌레의 학명을 스웨덴의 환경 운동가 그레타 툰베리의 이름을 따서 '넬롭토데스 그레태'라고 붙였다. 영국의 박물관에서 이름 없이 방치되어 있던 이 딱정벌레의 표본을 발견한 과학자는 더듬이가 그레타의 양 갈래로 땋은 머리와 닮았다고 생각했다고 한다.

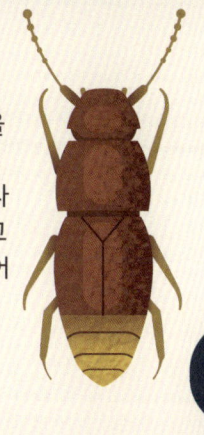

관 모양의 입으로 이끼와 조류의 즙을 빨아 먹는다.

다리는 뭉툭하고 아주 작은 발톱들이 달렸다.

강자 중의 강자, 곰벌레

완보동물문에 속하는 곰벌레는 좁쌀보다도 작지만, 산소가 희박하거나 높은 방사능에 노출돼도 살아남는 동물이다. 얼리거나 끓이거나 완전히 말려버려도 견딜 수 있는 곰벌레는 심지어 우주에서도 열흘 동안이나 살아남았다. 완보동물에 관한 연구는 우주 비행사들을 화성이나 다른 행성에서 보호할 방법을 알아내는 데 큰 도움이 될 것이다.

현미경 속의 세계

미생물은 가장 작은 생물로, 현미경으로만 볼 수 있다. 미생물에는 진핵 미생물, 고균, 세균, 바이러스 등이 있다. 진핵 미생물은 세포에 핵이라는 통제 센터가 있는 생물이다. 지구에서 가장 오래된 생명체인 고균류와 세균 세포에는 핵이 없다. 바이러스도 핵이 없으며, 다른 생물 세포에 침투해 살아간다. 미생물 가운데에는 호극성균도 많다. 호극성균은 다른 생물이라면 견디지 못하는 극단적인 환경에서도 살아가는 균을 말한다.

고균류

고균류는 열수구 근처에서 발생했던 지구 최초의 생명체였던 원시 미생물의 후손으로, 지금도 지구 곳곳에 존재하고 있다. 다른 생명체였다면 살아가기 어려운 깊은 바다 밑 열수구에서도, 공기가 희박한 아주 높은 하늘에서도 발견된다. 메타노사르시나 고균은 동물의 내장 속에 살면서 메탄가스를 생성한다.

도움말 주신 전문가: 케빈 포스터 함께 보아요: 태양계 밖의 행성, 1권 22~23쪽; 대양계, 1권 24~25쪽; 생물의 화학, 3권 26~27쪽; 생물의 기원, 4권 6~7쪽; 생물의 분류, 4권 10~11쪽; 식물과 균류, 4권 14~15쪽; 동물, 4권 16~17쪽; 깊은 바다, 4권 40~41쪽

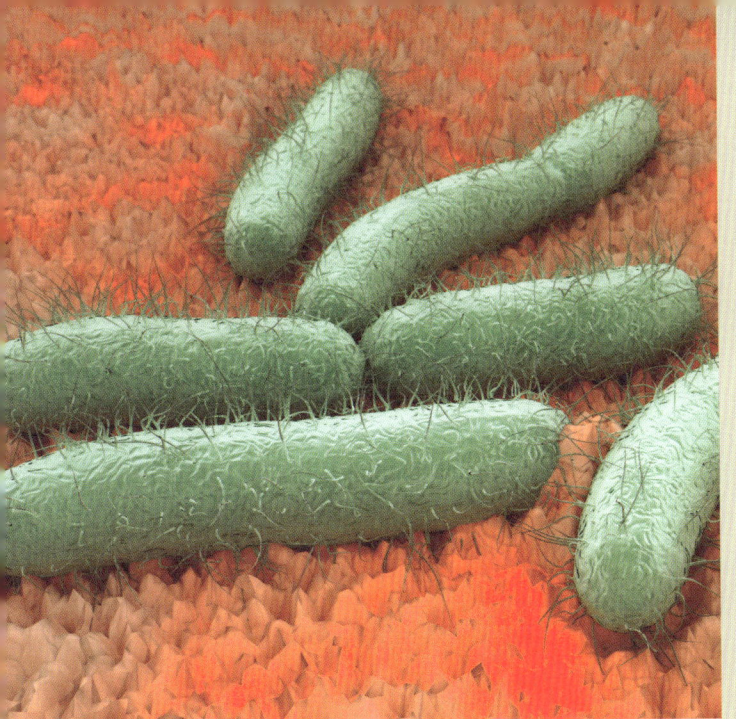
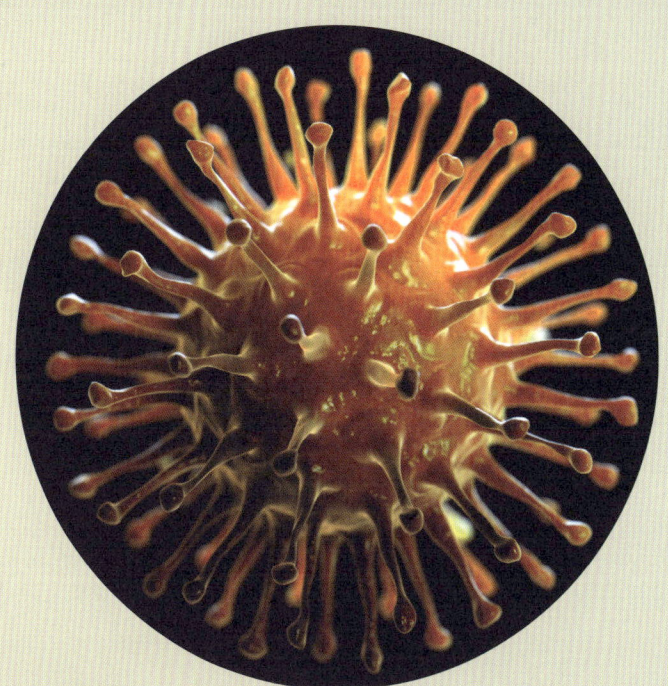

세균

세균은 단세포 유기체이다. 세균의 형태는 크게 알 모양, 막대 모양, 나선 모양으로 나뉘며, 쉼표 모양과 같이 조금 다른 형태의 세균도 있다. 세균 세포는 원형질막으로 싸여 있지만, 보통 세포와는 달리 세포 안의 작은 기관들이 없다. 세포 가운데에는 우리의 장 속에 사는 세균이나 유조선에서 흘러나온 기름을 먹고 사는 세균처럼 유익한 것도 있지만, 몇몇 세균은 질병을 일으키기도 한다.

바이러스

바이러스는 혼자서 살 수 없으며, 다른 생물의 세포에 의존하여 생명체로 활동한다. 바이러스는 숙주 생물의 세포를 이용해서 유전자를 복제하여 번식하며, 작고 가벼워서 쉽게 증식하고, 공기나 아주 작은 물방울을 타고 공중으로 퍼진다. 독감, 수두, 말라리아, 코로나바이러스감염증-19와 같은 감염병을 일으키는 것이 바로 바이러스이다.

정말 놀라운 균들

미생물 가운데 많은 종은 아주 극단적인 환경에서도 살 수 있다. '호극성균'은 40억 년 전 지구의 환경과 같이 '극심한 환경을 좋아하는 균'이라는 뜻이다. 과학자들은 호극성균을 연구하여 물이 없는 행성에도 생명체가 존재할 수 있는지 알아낼 수 있다.

1. 방사선도 이겨낸다 별명이 '코난 박테리아'인 데이노코쿠스 라디오두란스는 다중 호극성균이어서 공기나 물이 없어도 견딜 수 있고 우주 공간에서도 살아남는다. 손상된 DNA를 스스로 고치는 능력이 있어서, 방사선에도 인간보다 1000배 더 잘 견딜 수 있다.

2. 산에 강하다 피크로필루스 토리두스는 지구에서 가장 산에 강한 생물이다. 일본 북부 홋카이도에 있는 온도 65도의 유황 온천 근처 토양에서 발견되었다. 이 토양은 사람의 몸에 닿으면 화상을 입힐 정도로 강한 산성을 띠고 있었다.

3. 소금도 좋다 미국 캘리포니아의 모노 호수는 76만 년 전에 고원 위에 형성되었으며, 물이 흘러나가는 통로가 없다. 물이 증발하면서 쌓인 염분이 바닷물보다도 두세 배 많다. 박테리아 GFAJ-1는 산소도 없고 소금 결정이 덮고 있는 이 호수 바닥에서 발견되었다.

4. 어둠도 두렵지 않다 태평양 마리아나 해구는 지구에서 가장 낮은 바닷속 골짜기인데, 마리아나 해구에 있는 챌린저 해연의 깊이는 거의 11킬로미터나 된다. 이곳에는 빛이 없어 어둠뿐이지만 다양한 미생물이 살고 있다.

5. 얼음은 나의 집이다 2008년 그린란드 빙하 3킬로미터 아래에 있는 12만 년 된 얼음 속에서는 '크리세오박테리움 그린란덴시스'라는 미생물이 영하 9도의 혹한, 높은 압력, 희박한 산소, 먹이의 부족 등의 환경에서 살아 있는 채로 발견되었다.

6. 뜨거운 곳이 좋다 '스트레인 121'이라는 이름의 균은 깊은 바닷속, 뜨거운 물이 솟아나오는 열수구에 사는데, 물이 끓는 온도인 100도보다 훨씬 뜨거운 121도의 환경에서 살면서 번식도 한다.

일본 홋카이도의 유황 지대

미국 캘리포니아의 모노 호수

식물과 균류

다른 생명체와 달리, 식물은 자신들의 식량을 스스로 만들어낸다. 빛 에너지를 이용해서 공기에서 흡수한 이산화 탄소와 흙에서 흡수한 물을 합성해서 탄수화물과 산소를 만든다. 이런 과정을 '광합성'이라고 한다. 양분을 만들어 내는 식물은 대부분의 먹이 사슬에서 가장 아래쪽에 자리 잡게 된다. 균류는 식물보다는 동물에 더 가깝다. 많은 균류가 식물과 동물에 의존해 영양분을 얻는다.

꽃가루와 곤충들

식물은 수술에 있는 꽃가루가 암술머리에 옮겨 붙어 수정을 해야 씨앗이나 씨앗이 들어 있는 열매가 생긴다. 꽃가루를 옮겨 주는 일을 '꽃가루받이'라고 하는데, 꽃 속에 숨어 있는 달콤한 꿀을 찾아오는 나비나 꿀벌과 같은 곤충이나 바람에 의해 이루어진다. 꿀벌란의 꽃은 호박벌의 암컷을 빼닮았는데, 암컷 벌인 줄 알고 짝짓기를 하려고 다가온 수컷 벌이 꽃가루를 묻혀 다른 꿀벌란에게 전하면서 꽃가루받이를 해준다.

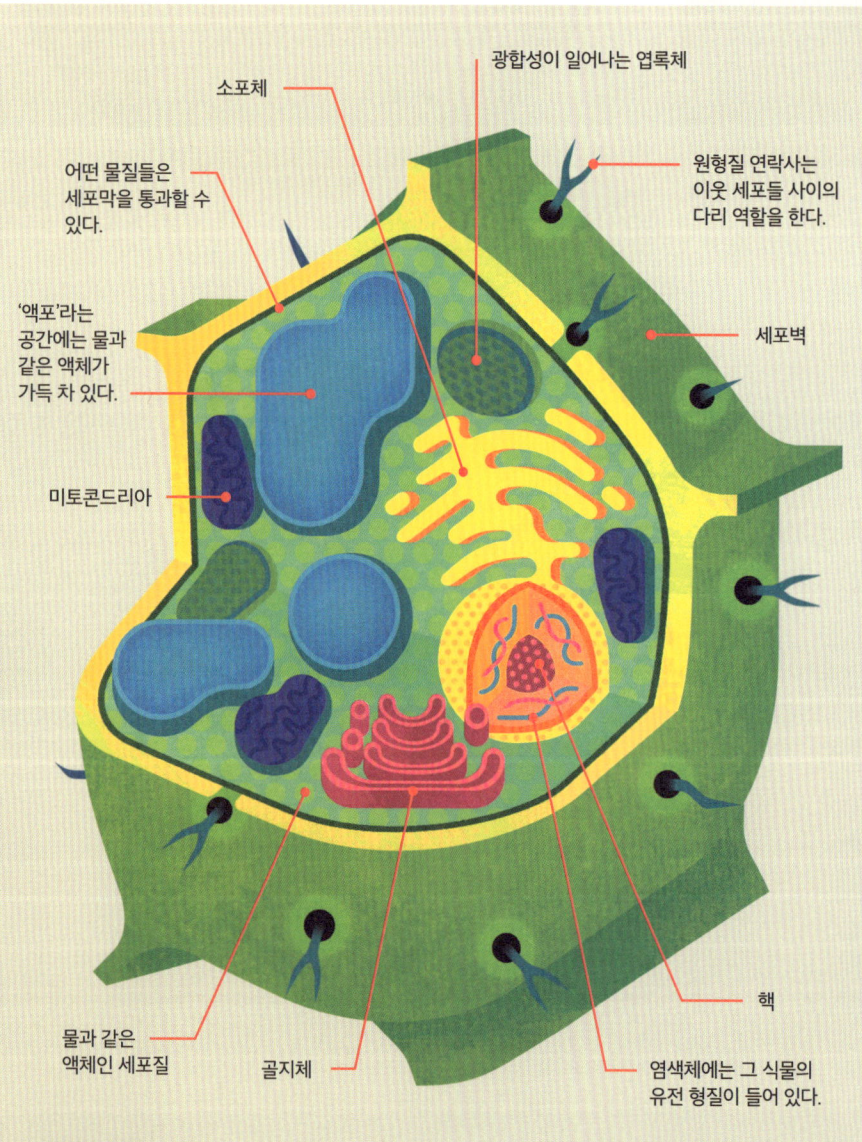

식물 세포

식물의 세포에는 세포벽이 있다. 세포벽 안에는 세포핵이 있고, 세포핵에는 DNA로 이루어진 염색체가 들어 있다. 세포에는 광합성이 일어나는 곳인 엽록체, 양분을 에너지로 바꾸는 미토콘드리아도 들어 있는데, 작은 기관이라는 뜻의 '세포 소기관'이라고 부른다. 세포벽 안에 있는 '원형질 연락사'라고 하는 통로는 다른 세포들 사이의 다리 역할을 한다.

씨앗을 퍼트리는 다양한 방법

식물은 대부분 한 곳에 뿌리를 박고 있어서 움직이지 못한다. 식물이 새로운 장소에서 자손을 퍼트리려면 씨를 멀리 보낼 방법을 찾아야만 한다.

1. 바람을 타고 날린다 단풍나무와 플라타너스는 헬리콥터의 회전 날개를 닮은 씨를 만든다. 씨는 공중에서 바람을 타고 나선형을 그리며 날아서 떨어진다. 민들레 씨는 솜털이 낙하산처럼 작용해 바람을 타고 멀리 멀리 날아간다.

2. 물에 띄워 보낸다 코코야자의 씨인 코코넛은 해류를 타고 떠내려간다.

3. 폭탄처럼 터뜨려 보낸다 분출오이는 다 익으면 꼭지가 떨어지면서 높은 압력으로 씨를 공중 높이 쏘아 올린다.

4. 동물에게 먹힌다 동물은 좋은 먹잇감인 나무 열매를 먹는다. 열매 속의 씨는 소화되지 않고 거름 역할을 해줄 동물의 배설물에 섞여 밖으로 나온다.

5. 동물들이 파묻어 준다 다람쥐는 한겨울에 먹으려고 가을에 떨어진 도토리를 모아 땅 속에 묻어놓는데, 어디다 묻었는지 가끔 잊어버린다. 봄이 되면 이 도토리에서 뿌리가 나온다.

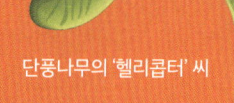

단풍나무의 '헬리콥터' 씨

도움말 주신 전문가: 매튜 넬슨 함께 보아요: 생물의 분류, 4권 10~11쪽; 생태계, 4권 20~21쪽; 우림, 4권 22~23쪽; 타이가와 온대림, 4권 24~25쪽; 세계를 먹이다, 8권 12~13쪽; 환경 문제, 8권 32~33쪽

파리지옥

식물은 잎에서 광합성으로 영양분을 만들지만, 뿌리에서도 물과 함께 영양분을 흡수한다. 영양분이 많지 않은 늪지와 같은 곳에서 사는 식물은 대신 동물을 잡아먹어서 영양분을 보충한다. 파리지옥은 이런 벌레잡이 식물 가운데 하나이다. 곤충이 파리지옥 잎의 안쪽 붉은 면을 지나가다가 그곳에 솟아 있는 작은 털인 감각모를 건드리면 잎이 접히면서 곤충을 덫에 가둔다.

1 곤충이 잎에 떨어지거나 기어가면서 감각모를 20초 안에 두 번 건드리면 잎이 확 닫힌다.

2 잡힌 먹잇감이 빠져나가려고 발버둥을 치며 감각모를 다섯 번 더 건드리면 덫은 더욱 단단하게 닫히고 소화액이 흘러나오기 시작한다.

3 열흘 뒤, 먹잇감이 소화되고 껍질만 남는다. 잎이 다시 열린다. 곤충의 껍질은 바람에 날려가고, 덫은 다시 사냥할 준비를 한다.

빨간 경고등

균류는 식량을 스스로 만들 수 없기 때문에 식물이나 동물의 영양분을 먹고 산다. 버섯도 균류의 하나이다. 밝은 빨간색의 광대버섯같이 독이 있는 몇몇 균류는 나무뿌리 근처에서 자라면서 균사체를 통해서 나무뿌리가 영양분을 얻을 수 있도록 도와준다. 균사체는 균류가 실로 짠 그물처럼 얽힌 것을 말한다. 나무는 그 보답으로 균류에 영양분을 준다. 광대버섯도 다른 균류처럼 포자로 번식한다. 포자란 식물의 씨앗과 매우 비슷한 아주 작은 번식 세포이다.

전문가의 한마디!

매튜 넬슨
연구원

매튜 넬슨은 균류가 다른 유기체들과 상호작용하는 모습에 큰 매력을 느낀다. 균류는 아름답고 복잡하며 신비롭다고 생각하면서, 균류의 진화가 세상에 어떤 영향을 끼쳤는지 알아내고 싶다.

❝ 아직도 찾아내지 못한 모르는 종들이 정말 많아요. 조류와 포유류를 합친 것보다 균류의 하나인 지의류에 속하는 종이 훨씬 더 많답니다. ❞

동물

동물들이 모인 동물계는 생물의 5개의 계 중 하나이다. 식물과 달리 동물은 스스로 영양분을 만들어내지 못하기 때문에 다른 동물이나 식물을 먹어야 한다. 주로 식물을 먹는 동물을 '초식 동물'이라 하고, 다른 동물을 먹는 동물은 '육식 동물'이라 한다. 곰과 같이 동물과 식물을 다 먹는 것은 '잡식 동물'이다. 거의 모든 동물은 움직일 수 있다. 산호와 같은 몇몇 종은 어릴 때는 움직일 수 있지만 다 자라면 한 곳에 붙어산다.

수명

과학자들은 그린란드 상어가 북극해에서 500년도 넘게 살 수 있다고 생각한다. 척추동물 중에서는 가장 수명이 긴 동물이다. 그린란드 상어의 암컷은 150살쯤이나 되어서야 번식을 시작한다. 60살 넘어 사는 경우가 많은 코끼리나, 100살까지도 살며 흔히 범고래라고 부르는 흰줄박이물돼지도 장수하는 포유류에 속한다. 코끼리나 범고래와 같이 장수하는 동물들은 대개 경험과 나이가 많은 암컷이 가족의 중심이 된다.

척추가 없는 동물과 있는 동물

동물은 두 집단으로 나눌 수 있다. 척추가 있는 척추동물과 척추가 없는 무척추동물이다. 척추는 척수를 보호하는데, 척수는 뇌와 몸 사이에서 신호를 전달해 준다. 무척추동물은 대부분 뇌 대신에 신경절이라고 하는 신경세포를 가지고 있다.

무척추동물의 대표

절지동물
곤충, 거미, 바닷가재나 새우 같은 갑각류, 노래기와 같이 다리가 많은 다족류처럼 껍질이 단단하고 마디가 있는 동물이다.

편형동물
플라나리아나 촌충처럼 대개 납작하며, 등과 배가 있고 좌우가 대칭인 동물들이다. 대개 피부로 호흡한다.

연체동물
숲속이나 강, 바다에서 사는 달팽이, 조개, 오징어, 문어와 같이 몸이 말랑말랑한 동물이다.

환형동물
지렁이처럼 몸이 가늘고 긴 동물들이다. 지금까지 약 9000종이 알려져 있다.

해면동물
다른 물체에 붙어서 살고, 물을 빨아들이고 내보내면서 물속의 양분을 얻는다. 과학자들은 해면동물이 먹이를 먹고 움직인다는 것을 몰랐던 초기에는 식물이라고 생각했다.

극피동물
바다에 사는 성게나 불가사리, 해삼처럼 피부가 두껍고 가시가 돋아 있는 동물이다.

척추동물

포유류
공기를 호흡하고 털이 자란다. 거의 모든 포유류의 암컷은 새끼를 낳아 젖을 먹여 키운다.

조류
모든 새는 깃털과 날개가 있지만, 날지 못하는 새도 있다. 새끼가 아닌 알을 낳는다.

어류
거의 모든 물고기는 비늘이 있고 물속에서 아가미로 호흡한다. 환경에 따라 체온이 변한다.

파충류
공기를 호흡하고, 피부는 건조하다. 뱀을 제외하면 일반적으로 다리가 4개이다.

양서류
개구리, 두꺼비, 도롱뇽은 육지와 물속 양쪽에서 살 수 있다. 숨 쉬는 방법이 한 가지 이상인 경우가 많다.

도움말 주신 전문가: 카렌 맥콤 **함께 보아요:** 생물의 분류, 4권 10~11쪽; 식물과 균류, 4권 14~15쪽; 우림, 4권 22~23쪽; 타이가와 온대림, 4권 24~25쪽; 초원, 4권 26~27쪽; 사막, 4권 30~31쪽; 민물에 사는 생물, 4권 32~33쪽; 바닷가, 4권 34~35쪽

동물의 세포

모든 동물의 세포는 크기가 비슷하다. 동물이나 인간의 세포는 아주 작아서, 1만 개 정도가 모이면 핀의 머리에 들어갈 수 있는 크기가 된다. 동물의 세포는 식물의 세포와 비슷하지만, 세포벽이 아닌 세포막이 있다. 세포막은 세포에 이로운 물질은 들어오게 하고, 해로운 물질은 들어오지 못하게 막는다. 세포 소기관들은 영양분을 에너지로 바꾸고 단백질을 생성하는 것과 같은 세포의 생체 기능을 수행한다.

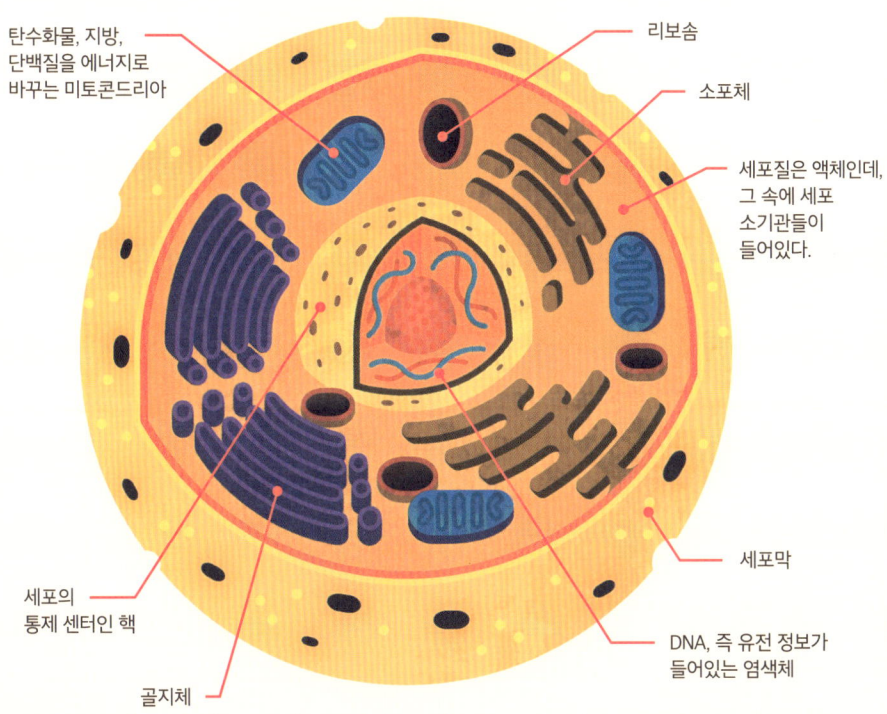

탄수화물, 지방, 단백질을 에너지로 바꾸는 미토콘드리아
리보솜
소포체
세포질은 액체인데, 그 속에 세포 소기관들이 들어있다.
세포막
DNA, 즉 유전 정보가 들어있는 염색체
골지체
세포의 통제 센터인 핵

사실은!

동남아시아에 사는 작은 영장류 안경원숭이는 눈이 뇌만큼이나 크다.
다른 포유동물의 신체 비율과 비교하면 가장 큰 눈을 가진 셈이다. 안경원숭이는 눈이 크고 밤눈이 밝기 때문에 캄캄한 어둠 속에서도 곤충이나 박쥐를 잘 잡는다.

도구를 이용하는 동물

오스트레일리아 북부에 사는 휘파람솔개, 검은죽지솔개, 갈색매는 불을 이용해서 먹이를 잡는다. 이 새들은 불이 붙은 작은 나뭇가지를 바싹 마른 풀숲에 떨어뜨려 설치류와 같은 작은 포유동물, 도마뱀, 곤충, 다른 새와 같은 작은 동물들이 튀어나오게 만든다. 이 새들은 사람을 제외하고 불을 사용하는 몇 안 되는 동물이라고 알려져 있다. 많은 동물이 도구를 사용한다. 까마귀는 작은 나뭇가지로 땅을 파서 애벌레를 찾아내고, 코끼리는 나뭇가지로 몸을 긁고, 오랑우탄은 나뭇잎을 우산 삼아 비를 피한다.

전문가의 한마디!

카렌 맥콤
동물학자

카렌 맥콤 교수는 동물들에게 자기들 울음 소리를 녹음해서 들려주거나 사진을 보여 주면서 동물의 마음속으로 들어가 보기를 좋아한다. 아프리카 사자, 코끼리, 얼룩말 등 여러 많은 종과 함께 이 일을 해보았다. 카렌 맥콤 교수는 동물들이 살아가는 데 필요한 기술을 스스로 익히고 잘 사용하는 모습에 언제나 깜짝깜짝 놀라곤 한다.

❝ 동물이 되어볼 수 있다면, 동물의 눈으로 바라보는 세상은 실제로 어떤 모습인지 알고 싶어요. ❞

곤충

지금까지 알려진 곤충은 100만 종이 넘어, 지구에 사는 동물 가운데 무려 80퍼센트를 차지한다. 나비·개미·파리·벌·메뚜기·귀뚜라미와 같이, 몸통이 머리·가슴·배로 나뉘고 다리가 3쌍이며 날개가 2쌍인 동물을 곤충이라고 한다. 딱정벌레는 곤충류 가운데 가장 많아서 알려진 것만 해도 약 36만 종이나 되는데, 아직 발견하지 못한 종도 100만 종이 넘을 것으로 추정된다. 한 딱정벌레 전문가는 열대 우림 단 한 그루의 나무에서 1200종을 찾아낸 적이 있다!

버드나무하늘소

열대에 가장 많은 버드나무하늘소는 더듬이를 제외한 몸의 길이가 17센티미터나 된다. 하늘소과에 속하는 2만 5000종 가운데 하나이다. 어른벌레는 꽃과 잎을 먹고, 애벌레는 나무의 껍질을 먹는다.

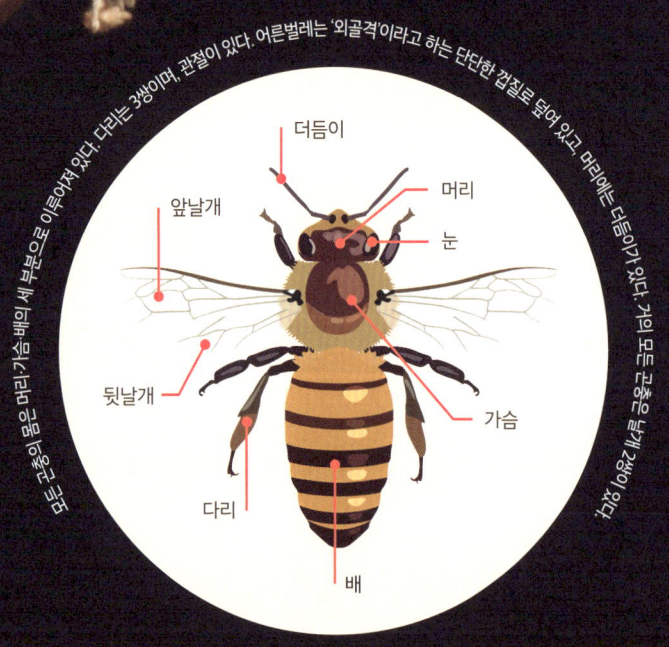

모든 곤충의 몸은 머리·가슴·배의 세 부분으로 이루어져 있다. 다리는 3쌍이며, 관절이 있다. 어른벌레는 '외골격'이라고 하는 단단한 껍질로 덮여 있고, 머리에는 더듬이가 있다. 거의 모든 곤충은 날개가 2쌍이다.

꿀벌 몸의 구조

꿀벌의 날개 2쌍은 작은 갈고리 모양의 돌기로 연결되어 있다. 꿀벌은 1초에 200번 넘게 날개를 친다. 꿀벌의 날개는 날 때뿐 아니라 벌집을 식히거나 꿀을 말리는 데도 쓰고, 날개 소리로 의사소통을 하기도 한다. 또 날씨가 추울 때는 날 때 쓰는 근육인 비상근을 수축해서 몸을 따뜻하게 한다.

도움말 주신 전문가: 디노 마틴스 **함께 보아요:** 생물의 분류, 4권 10~11쪽; 식물과 균류, 4권 14~15쪽; 동물, 4권 16~17쪽; 우림, 4권 22~23쪽; 대량 멸종, 8권 34~35쪽; 기후 변화의 결과, 8권 38~39쪽

더듬이의 길이가 몸보다 길 때도 많다. 이 더듬이로 짝이 될 다른 하늘소가 내보내는 화학 물질인 페로몬의 냄새를 찾아낸다.

벌집처럼 줄지어 있는 하늘소의 겹눈은 텔레비전 카메라처럼 작동해서 모자이크와도 같은 상을 만든다. 겹눈은 뇌로 신호를 보내는 작은 낱눈들이 모여서 이루어진다.

하늘소의 앞날개는 딱딱한 날개 덮개인 겉날개가 되었기 때문에 날아갈 때는 뒷날개를 펴기 위해 양쪽으로 열릴 뿐 날갯짓을 하지는 않는다. 날지 않을 때는 얇은 막으로 되어 있는 뒷날개를 보호하기 위해서 등 뒤로 접힌다.

단단한 턱은 먹이를 잡거나 씹는 데 사용한다. 하늘소의 암컷은 나무 껍질 속에 알을 낳을 공간을 마련할 때 턱을 쓰기도 한다.

다른 절지동물처럼 하늘소도 관절이 있는 다리를 가지고 있다. 다리 끝에 있는 '발목마디'는 꽉 움켜잡을 수 있는 특수한 발톱이다.

생태계

생물은 혼자 떨어져서는 살 수 없다. 다른 생물은 물론 물이나 흙과 같은 자연뿐 아니라 날씨와 같은 자연 현상과도 교류하고 영향을 주고받으면서 살아간다. 보통 생물은 식물과 동물, 균류와 같은 여러 생명체들이 모여 만든 공동체 안에서 산다. 생명체가 환경과 더불어 살아가는 것을 '생태'라고 하고, 여러 생명 공동체와 공동체를 둘러싼 자연 환경을 통틀어 '생태계'라고 한다.

포식자와 먹잇감의 관계

다른 동물을 먹이로 삼는 동물인 포식자는 먹잇감을 잡는 새로운 방법을 늘 궁리한다. 반대로 먹잇감이 되는 동물은 포식자의 눈에 뜨이지 않도록 몸의 색깔이나 모양을 바꾸는 것과 같이 포식자를 속일 수 있는 방법을 계속 찾아야 한다. 언제나 포식자보다는 먹잇감이 더 많다. 그렇지 않다면 먹잇감이 부족한 포식자는 살기 어려울 것이다. 포식자가 없으면 먹잇감이 너무 늘어나 문제가 된다. 생태계에서 포식자와 먹잇감은 보통 균형을 이룬다.

먹이 사슬

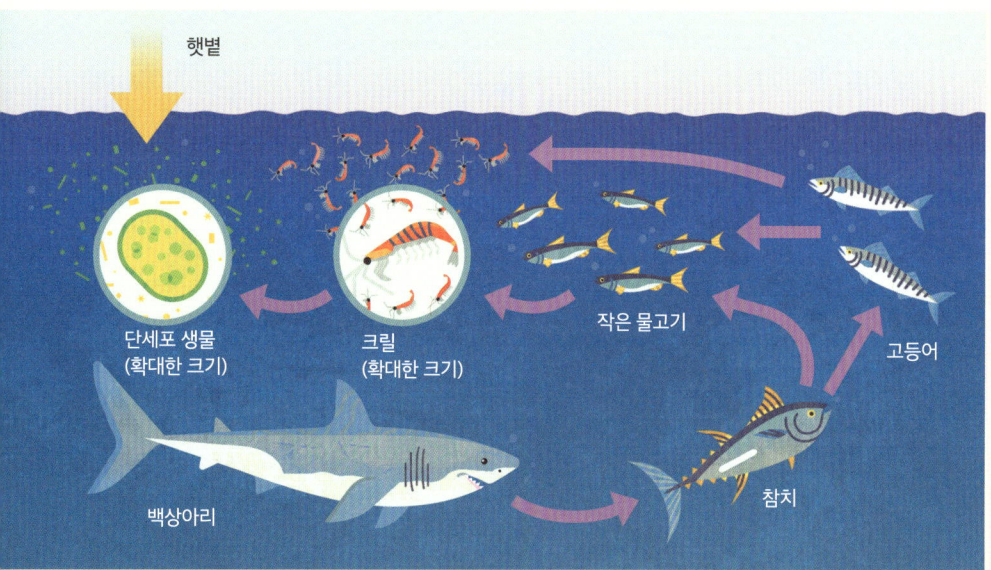

모든 생물은 에너지를 이용하여 활동한다. 에너지는 먹이에서 나온다. 먹이 사슬은 생태계 전체에서 에너지가 어떻게 흘러가는지, 누가 누구를 먹는지를 보여준다. 바다 먹이 사슬의 맨 위에 있는 상어와 같은 포식자는 큰 물고기를 먹고, 큰 물고기는 작은 물고기를 먹는다. 작은 물고기는 새우처럼 생긴 크릴이라는 갑각류를 먹고, 크릴은 식물성 플랑크톤을 먹는다. 식물성 플랑크톤은 작은 조류로, 엽록소가 있어 햇볕을 받아 광합성을 통해 양분을 스스로 만든다. 광합성은 바다 먹이 사슬의 기초가 된다.

세계의 생태계

기후와 토양이 다르면 생물들이 환경과 더불어 살아가는 생태계도 달라진다. 생태계에는 사막, 숲, 열대 우림, 초원, 산악 지대, 극지방이 있다. 대부분 수천 년 정도의 오랜 시간에 걸쳐 식물과 동물, 그리고 다른 생명체가 그 특정 생활권에 적응하여 다른 곳에서는 살 수 없게 되어버릴 것이다. 그래서 기후 변화로 생태계가 바뀌게 되면 문제가 생긴다.

도움말 주신 전문가: 탈 애브가 **함께 보아요:** 기후, 2권 46~47쪽; 우림, 4권 22~23쪽; 타이가와 온대림, 4권 24~25쪽; 초원, 4권 26~27쪽; 에베레스트산, 4권 28~29쪽; 사막, 4권 30~31쪽; 바닷가, 4권 34~35쪽; 지구의 두 끝, 4권 42~43쪽; 얼음이 녹고 있다, 4권 44~45쪽

핵심종

생태계에는 대부분 핵심종이 있다. '핵심종'이란 어떤 생태계에 사는 다양한 생물들이 조화롭게 살아가는 데 도움을 주는 종을 말한다. 비버는 핵심종이다. 비버는 강이나 시냇물에 댐을 만들어 연못이나 습지가 형성되도록 하는데, 연못이나 습지에서는 개구리, 오리, 물을 좋아하는 식물들이 살아간다. 비버가 없어지면 그 생태계에서 살아가던 다른 생물들도 줄어들게 된다.

사실은!

오스트레일리아 퀸즐랜드에서는 반려 토끼를 키우는 것을 법으로 금지하고 있다. 반려 토끼가 우리를 탈출해 다른 토끼들과 짝짓기를 할 수도 있기 때문이다. 오스트레일리아에는 원래 토끼가 살지 않았다. 어떤 사람이 키우던 토끼들이 집을 탈출해서 새끼를 낳기 시작했다. 포식자가 거의 없는 오스트레일리아에서 토끼는 엄청나게 늘어났고, 원래 살고 있던 생물들에게도 영향을 미치게 되었다.

독특한 서식지

대왕판다는 중국의 대나무 숲에서 산다. 야생 대왕판다는 대나무가 없는 다른 곳에서는 살 수 없다. 한 생태계에서 살아가는 생물이 그 생태계에서 차지하는 위치를 '생태적 지위'라고 하는데, 대왕판다들의 생태적 지위는 독특하다. 대나무만 먹는 대왕판다에게 대나무 숲은 먹잇감이 풍부하며, 먹잇감을 다투는 경쟁자가 없고, 포식자도 거의 없는 생태계를 이룬다.

대나무는 단백질 함량은 적지만 잘 자라서 숲을 이룬다. 대왕판다는 봄에는 대나무 순을 먹고 다른 계절에는 잎과 줄기를 먹는다.

대왕판다는 잠자는 시간을 빼고 거의 14시간을 먹는데, 하루에 먹는 대나무는 12킬로그램에 이른다.

우림

비가 매우 많이 내리는 지역에서 자라는 빽빽한 나무숲을 '우림'이라고 한다. 우림은 공기 속의 이산화 탄소를 흡수하고 산소를 내뿜어 지구의 기후를 안정시키기 때문에 매우 중요하다. 온대 우림은 보통 바다에 가까운 지역에 있으며 시원하지만, 아마존 우림과 같은 열대 우림은 덥고 습기가 많다. 전 세계 식물과 동물 종의 반 이상이 먹잇감이 풍부한 우림에서 산다.

가장 키가 큰 나무들은 '튀어나와 있는 층'이라는 뜻의 '돌출층'을 이룬다.

빽빽한 숲의 지붕이 햇빛을 차단한다.

교살무화과나무는 다른 나무를 감싸고 기어오르면서 성장하며 양분과 햇볕을 독차지한다.

아래층에는 키가 작은 떨기나무들이 살아간다.

땅의 표면에는 햇빛이 겨우 1퍼센트 정도만 도달하기 때문에 식물이 별로 없다.

'판자 모양의 뿌리'라는 뜻의 '판근'이 나무를 잘 지탱해 준다.

서식지의 층

열대 우림은 빛과 수분을 얼마나 이용할 수 있느냐에 따라 층이 뚜렷하게 구분된다. 열대 우림에서 가장 키가 큰 나무들은 거의 60미터에 이르며, 우림의 지붕을 이루는 큰키나무들 사이에서 우뚝 솟아 있다. 큰키나무들의 길고 뾰족한 잎을 따라 빗방울이 흘러내려서 이끼가 생기지 않는다. 큰키나무 그늘로 어두운 아래층에서 자라는 식물들은 숲의 지붕 틈으로 들어오는 적은 햇빛을 잡기 위해 잎이 넓고 크다.

고릴라

지구에서 두 번째로 큰 열대 우림인 콩고 열대 우림에는 서부로랜드고릴라가 산다. 등과 허리가 은회색을 띠어 '실버백'이라고 하는 어른 수컷을 중심으로 여러 마리가 가족을 이루며, 대개 식물을 먹잇감으로 삼는다. 고릴라는 몸집이 크고 무게도 많이 나가지만 나무를 잘 오른다. 주로 살아가는 생태계인 우림이 줄어들고, 허가 없이 몰래 사냥을 하는 밀렵꾼들 때문에 멸종 위기에 놓여 있다.

도움말 주신 전문가: 그레고리 노와키 **함께 보아요:** 식물과 균류, 4권 14~15쪽; 곤충, 4권 18~19쪽; 생태계, 4권 20~21쪽; 타이가와 온대림, 4권 24~25쪽; 기후 변화의 결과, 8권 38~39쪽; 기후 변화를 멈춰라, 8권 40~41쪽

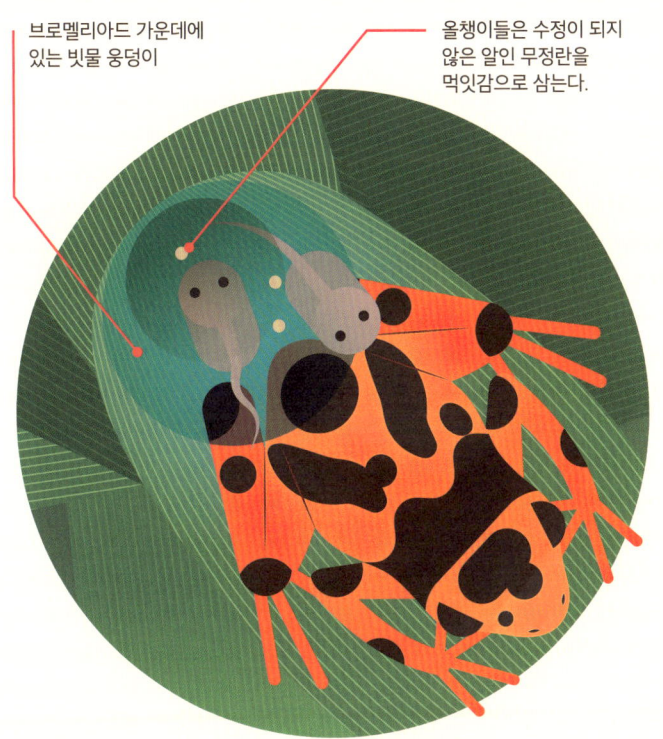

브로멜리아드 가운데에 있는 빗물 웅덩이

올챙이들은 수정이 되지 않은 알인 무정란을 먹잇감으로 삼는다.

독개구리

남아메리카 독개구리는 대부분 숲속 땅 위나 아마존 열대 우림의 아래층에 산다. 몸의 밝은 색깔은, 자신이 굉장히 강한 독을 가지고 있다는 것을 드러내어 포식자인 새와 원숭이들에게 경고하기 위한 것이다. 독개구리들은 아주 훌륭한 부모이다. 암컷이 땅에 알을 낳으면, 수컷은 알을 깨고 나온 올챙이들을 등에 태우고 나무 위로 올라간다. 나무 위에는 다른 나무에 뿌리를 내려서 살아가는 파인애플과 식물인 브로멜리아드가 있는데, 잎사귀 사이에 빗물을 저장한다. 독개구리는 이 빗물에 올챙이를 풀어 놓고 자라는 동안 보살핀다.

사실은!

황금독화살개구리는 몸길이가 5센티미터밖에 안 되지만 지구에서 가장 유독한 동물에 속한다. 이 개구리 한 마리에서 나오는 피부 분비물이 사람 10명을 죽일 수 있을 정도이다. 가두어서 사육하는 개구리들에게서는 독성이 거의 나타나지 않는데, 과학자들은 개구리가 스스로 독을 만드는 것이 아니라 작은 딱정벌레나 개미 같은 자연 속의 먹이에서 독을 만드는 화학 물질을 얻기 때문이라고 생각한다.

가장 웅장한 나무

가장 큰 나무들은 미국 서해안 캘리포니아 북부 레드우드 국립 공원에 있는 미국삼나무들이다. '세쿼이아'라고도 하는 미국삼나무들은 지구에서 가장 키가 큰 나무이며, 몸통의 지름도 가장 큰 편에 속한다. 그중에서도 가장 키가 큰 나무는 그리스 신화에 나오는 거대하고 강력한 신의 이름을 따서 '하이페리온'이라고 불리며, 키가 116미터에 이른다.

하이페리온 (116미터)

햇볕이 닿지 않는 몸통 아래쪽에는 가지가 없다. 빛이 부족해서 가지가 자라지 않는다.

기린은 키가 평균 5.2미터이므로 하이페리온의 키는 기린 22마리를 쌓아 올린 만큼이 된다.

꼬리
꼬리를 양옆으로 움직이거나 갑자기 휙 치는 것은 공격할 뜻이 있음을 나타낸다.

뒷다리
호랑이의 긴 다리는 다이빙대처럼 탄력이 있어 아주 높고 멀리 뛸 수 있다.

눈
눈에는 빛을 반사하는 반짝이는 층이 있어서 어둠 속에서 희미한 빛을 최대한 받아들일 수 있기 때문에 호랑이의 밤눈은 인간보다 6배 밝다.

수염
호랑이의 수염은 공기 중의 작은 변화까지 감지하여 어둠 속에서 길을 찾는 데 도움을 준다.

줄무늬
숲에 있는 호랑이를 발견하기 어렵게 만드는 줄무늬는 인간의 지문과 같다. 모든 호랑이의 줄무늬는 서로 다르다.

털
털이 두 겹이라 따뜻하다.

타이가의 호랑이

지구의 북쪽 추운 지방에 펼쳐진 숲을 '타이가'라고 한다. 타이가에서 가장 큰 포식자는 시베리아호랑이이다. 한때는 고양잇과 동물 중에서 가장 큰 동물이었지만, 인간의 사냥으로 멧돼지와 같은 먹잇감이 줄어들어 이제는 다른 호랑이와 비슷한 크기가 되었다. 생태계가 무너지면서 남아 있는 야생의 시베리아호랑이는 겨우 500마리 정도인 것으로 알려져 있다. 환경 보호 활동가들은 시베리아호랑이의 수가 늘어나기를 기대하고 있다.

타이가와 온대림

타이가는 유럽과 아시아의 북부와 북아메리카 북부에 펼쳐진 삼림 지대이다. 북쪽 추운 곳에 있는 숲이라는 뜻의 '북부 한대 수림'이라고도 부르는데, 주로 바늘잎나무로 이루어져 있다. 바늘잎나무의 잎은 단단한 바늘처럼 생겼고 가을에도 떨어지지 않는다. 온대림은 조금 더 따뜻한 기후에서 볼 수 있는데, 여기에는 넓은잎나무가 많다. 넓은잎나무는 가을이 오면 잎을 떨구어 물 소비를 줄이고 겨울에 에너지를 아낀다. 봄이 되면 새 잎이 돋아난다.

겨울엔 잠을

겨울이 오면 겨울잠쥐와 같은 숲 속의 작은 동물들은 동면에 들어간다. 동면하는 동안에는 몸의 활동이 거의 멈추고, 체온이 내려가며 심장 박동이 느려져 거의 죽은 것과 비슷한 상태가 된다. 미국 알래스카나 캐나다의 송장개구리는 기온이 영하로 떨어지면 다리부터 얼기 시작해서 온통 얼음덩어리가 되어 버린다. 하지만 몸의 세포에서 설탕물과 같은 피를 만들어 몸속이 완전히 어는 것을 막기 때문에, 날씨가 따뜻해져서 송장개구리의 몸이 녹으면, 마치 아무 일도 없었던 것처럼 팔짝 팔짝 뛰어다니기 시작한다.

도움말 주신 전문가: 매튜 넬슨 **함께 보아요:** 기후, 2권 46~47쪽; 자연적인 기후 변화, 2권 48~49쪽; 진화의 과정, 4권 8~9쪽; 식물과 균류, 4권 14~15쪽; 동물, 4권 16~17쪽; 우림, 4권 22~23쪽; 감각, 5권 16~17쪽; 대량 멸종, 8권 34~35쪽

변장 기술자

멧노랑나비의 날개는 갈매나무 잎과 비슷하게 생겼다. 애벌레는 초록색 갈매나무 잎을 먹고 자라는데 초록색이어서 잘 보이지 않는다. 숲속에 사는 다른 동물들처럼 멧노랑나비도 포식자의 눈에 뜨이지 않기 위해 변장을 하는 것이다. 타이가에는 눈덧신토끼가 산다. 털 색깔은 봄부터 가을까지는 적갈색인데, 겨울에는 하얀 털로 덮여서 흰 눈 위에 있으면 잘 보이지 않는다.

추위에 강한 나무

전나무나 가문비나무 같은 바늘잎나무는 엄청난 추위에서도 살아남을 수 있다. 바늘 같이 생긴 잎에서는 물을 저장하고, 가지는 늘어져 있어 눈이 쌓이지 않고 흘러내린다. 나무 속에서 물과 영양분을 운반하는 수액은 얼지 않도록 화학적으로 변화한다. 솔방울은 씨를 보호하는 단단한 비늘로 덮여 있다.

바늘 모양의 잎
바늘처럼 생긴 단단하고 가느다란 잎을 '침엽'이라고도 한다.

닫힌 솔방울
솔방울의 비늘이 닫혀서 씨를 보호하고 있다.

벌어진 솔방울
씨가 여물면 솔방울의 비늘이 열려 씨를 내보낸다.

나이테로 알 수 있는 것

나무의 몸통은 한 가운데부터 자란다. 해마다 고리 모양의 나이테가 새로 생긴다. 비가 많이 내리고 햇빛이 풍부했던 해에는 몸통이 많이 자라서 나이테가 두껍다. 하지만 비가 오지 않고 날이 흐렸던 해에는 많이 자라지 못해서 나이테가 얇다. 죽거나 베어진 나무의 나이테를 세어 보면 그 나무의 나이를 알 수 있다.

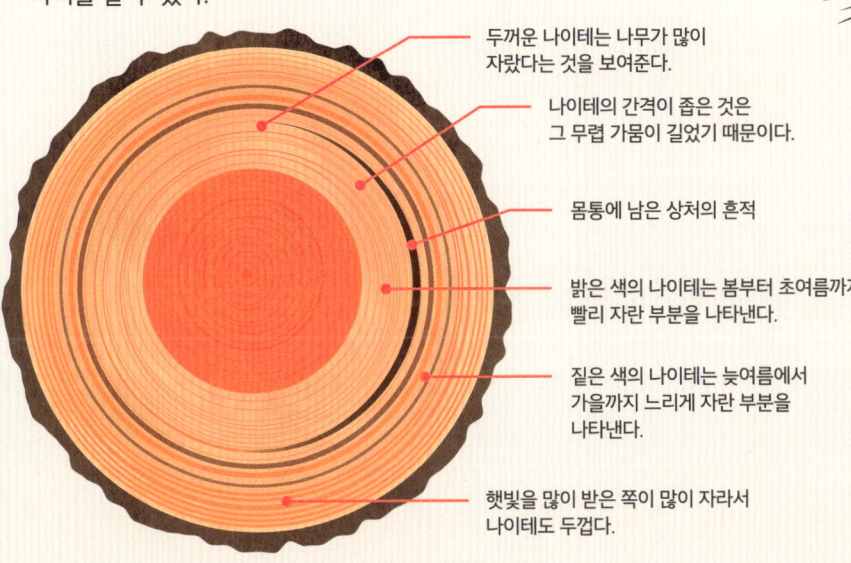

두꺼운 나이테는 나무가 많이 자랐다는 것을 보여준다.

나이테의 간격이 좁은 것은 그 무렵 가뭄이 길었기 때문이다.

몸통에 남은 상처의 흔적

밝은 색의 나이테는 봄부터 초여름까지 빨리 자란 부분을 나타낸다.

짙은 색의 나이테는 늦여름에서 가을까지 느리게 자란 부분을 나타낸다.

햇빛을 많이 받은 쪽이 많이 자라서 나이테도 두껍다.

사실은!

미국 캘리포니아 로키 산맥 그레이트 베이슨의 강털소나무는 지구에서 가장 오래된 생물이다. 5000살쯤 된 이 나무는 아직 매머드가 남아 있던 시대에 함께 살았다.

말하는 나무

과학자들은 나무들이 서로 대화를 한다는 사실을 발견했다. 곤충이나 동물이 나뭇잎을 먹으러 왔을 때에는 잎으로 냄새를 뿜어내 이웃 나무들에게 알린다. 이웃 나무들은 타닌과 같이 곤충이 싫어하는 화학 물질을 많이 만들어 잎에 보낸다. 나무의 뿌리들 틈에서 자라는 균류도 화학적인 경고 신호를 전달해 준다.

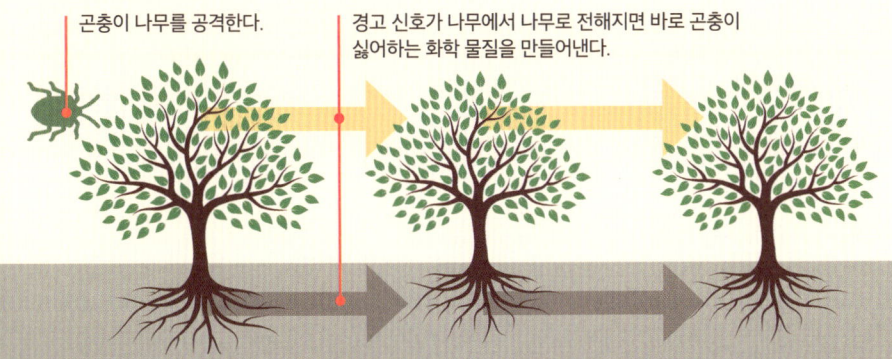

곤충이 나무를 공격한다.

경고 신호가 나무에서 나무로 전해지면 바로 곤충이 싫어하는 화학 물질을 만들어낸다.

초원

풀이 무성하게 자라는 넓고 평평한 지역을 말하는 '초원'은 육지에서 매우 넓은 부분을 차지한다. 초원은 위치에 따라 여러 가지 다른 이름으로 불린다. 북아메리카에서는 '프레리', 유라시아에서는 '스텝', 남아메리카에서는 '팜파스', 아프리카에서는 '사바나'라고 한다. 풀은 산 위가 아닌 벌판에서 잘 자라기 때문에 초식 동물들의 좋은 먹잇감이 된다. 풀은 생존력이 매우 강하여, 동물들이 짓밟아도 다시 살아난다.

동서를 잇는 고속도로

유라시아의 드넓은 초원 지대는 동아시아와 유럽을 잇는 통로였다. 지난 몇백 년 동안 사람들은 무역을 하거나 군사를 이끌고 전쟁을 벌일 때에도 초원을 거쳤다. 산을 넘는 것보다는 말을 타고 경사가 완만한 초원을 달리는 편이 훨씬 편했기 때문이었다.

떼를 짓는 동물들

초원의 동물들은 떼를 지어 사는 경우가 많다. 아프리카 사바나에서는 얼룩말, 가젤, 영양 등 다른 종들이 섞여서 지내기도 한다. 떼를 지어 있으면 포식자들이 그 무리 전체를 잡아먹을 수는 없으므로 안전하다. 갓 태어난 새끼들은 매우 연약하지만, 다행히 태어나고 몇 분이 지나면 뛰어다닐 수 있다.

사실은!

남아메리카의 팜파스에 사는 큰개미핥기는 흰개미와 개미를 하루에 3만 마리도 넘게 잡아먹는다. 큰개미핥기는 뾰족한 코로 개미집을 파헤치고 61센티미터나 되는 긴 혀를 넣어 개미를 핥아 먹는다. 침이 끈끈하고 혀에 작은 돌기들이 있어 개미를 잘 잡을 수 있다.

아프리카대머리황새가 동물 떼에 놀라 날아오르는 곤충들을 찾고 있다.

동물에게 가장 안전한 장소는 무리의 한 가운데이다.

도움말 주신 전문가: 닐 애브가 함께 보아요: 생물의 분류, 4권 10~11쪽; 식물과 균류, 4권 14~15쪽; 농물, 4권 16~17쪽; 생태계, 4권 20~21쪽; 자연의 힘 이용하기, 4권 48~49쪽; 환경 문제, 8권 32~33쪽

조기 경보 시스템

북아메리카의 프레리도그는 땅속에 굴을 파서 수많은 방과 통로로 연결된 아주 복잡한 도시를 만든다. 이 도시들은 올빼미·두꺼비·흰담비와 같은 다른 동물들에게도 피난처로 쓰인다. 세계 자연 기금은 프레리도그가 굴을 파서 통로를 만들고 포식자의 출현을 경고하는 울음소리를 내는 덕분에 도움을 받는 동물들이 136종이나 된다고 설명했다.

프레리도그는 굴의 입구에 흙 한 무더기를 쌓아놓는다.

프레리도그는 위험을 발견하기 위해 뒷발로 서 있다. 포식자의 종류에 따라 각기 다른 경고음을 낸다.

코요테는 프레리도그와 함께 프레리도그가 만든 굴과 통로를 이용하는 다른 동물들도 잡아먹는다.

가시올빼미는 때로 프레리도그의 굴 속에 둥지를 튼다.

프레리도그의 굴에는 자는 방, 갓 태어난 아기를 돌보는 방, 용변 보는 방이 따로 마련되어 있다.

영양은 종종 얼룩말과 함께 풀을 뜯는다. 여러 동물이 섞인 큰 무리에서는 사자나 하이에나와 같은 포식자들을 발견할 수 있는 눈들이 더 많아진다.

얼룩말과 가젤은 같은 초원에서 먹이 다툼이 없이 사이좋게 지낸다. 가젤은 짧고 부드러운 풀을 좋아하지만, 얼룩말은 길고 거친 풀을 좋아하기 때문이다.

전문가의 한마디!

탈 애브가
생태학자

탈 애브가 박사는 동물의 움직임과 동물이 자연 환경을 이용하는 법을 연구하면, 환경이 매우 달라질 미래에 어떤 동물이 어디에 살고 어디로 이동할지 예측하는 데 도움이 될 것이라고 믿는다. 그는 등에와 같이 동물의 피를 빨아먹는 작은 곤충이 얼룩말과 같이 큰 초식 동물들의 이동을 이끌어 내는 중요한 역할을 할지도 모른다고 생각한다.

❝ 내 일은 세계 최고의 놀이공원인 자연에서 탐정이 되는 것과 비슷하답니다! ❞

에베레스트산

세계에서 가장 높은 에베레스트산은 높이 8850미터로, 네팔과 티베트의 경계인 히말라야산맥에 있다. 많은 식물과 동물들이 에베레스트산 주변 지역에 살고 있다. 암석으로 이루어졌으며, 1년 내내 눈으로 덮여 있는 산 정상에는 살아남을 수 있는 생물이 별로 없다. 겨울에 산 정상에 부는 바람은 시속 280킬로미터에 이르는데, 이것은 초강력 태풍보다도 강한 수준이다.

8850미터

에베레스트산은 지구를 둘러싼 거대한 판인 지각의 움직임 때문에 매년 5밀리미터씩 높아진다.

8000미터를 넘는 높은 산은 동반가들 사이에서 죽음의 땅으로 통한다. 이 지역 공기에는 산소가 바다 표면의 3분의 1밖에 없다.

높이 나는 새

쇠기러기는 북아시아와 남아시아 사이를 이동할 때 7시간 동안 히말라야산맥을 가로질러 넘어간다. 쇠기러기는 히말라야 산맥을 넘기 위해 7000미터 높이에서 나는 기록을 세웠다. 쇠기러기는 폐가 크고 심장이 빠르게 뛰어서 산소를 몸 속에 잘 전달한다.

깡충거미

히말라야어의 깡충거미는 6700미터 지점에서 발견되어 세계에서 가장 높은 곳에 사는 생물이 되었다. 바람에 밀려 올라온 작은 곤충들을 먹고 산다.

5500미터

눈과 얼음으로 덮여 있는 곳, 항설대

5500미터 높이를 넘어가면 1년 내내 눈과 얼음으로 덮여 있는 '항설대'가 있다. 이곳의 식물들은 추위에 강하다. 국화과나 십자화과에 속하는 몇몇 키가 아주 작은 식물이 빙하가 녹은 양지에 자리를 잡고 자란다. 6700미터가 넘는 곳에서는 식물이 자라지 못하고, 공기 중에 산소가 적기 때문에 동물도 거의 살아남지 못한다.

날렵한 등반가

히말라야타르양은 작은 딸기나무와 풀, 이끼를 먹는다. 여름에는 5000미터 정도 높이에서 살지만 겨울에는 낮은 지대로 내려온다. 발바닥은 고무같이 탄력이 좋아 바위에서 잘 달라붙기 때문에 미끄러지지 않는다.

사실은!

에베레스트산 정상 근처에 있는 석회암에는 화석이 된 조개와 산호가 들어있다. 바다 생물의 화석은 히말라야산맥이 오래전 인도와 아시안 대륙을 나누는 바다였다는 사실을 보여준다. 인도와 아시아 대륙이 충돌하면서 바다 밑에 있던 지각이 솟아올라 지구에서 가장 높은 산맥이 된 것이다.

900미터

온대의 숲

900미터에서 3000미터 높이에는 자작나무 진달래·대나무와 같은 식물들이 자라며, 레서판다·네팔회색랑구르·사향노루가 대나무숲에서럼 주로 축제비강이 생긴 포유동물인 노란목도리담비는 사향노루를 먹잇감으로 삼는다.

히말라야의 원숭이

긴꼬리원숭이에 속하는 네팔회색랑구르는 주로 꽃봉오리, 과일, 잎을 먹는다. 보통 온대나 아열대 지역에서 살고 있지만 4000미터나 되는 높은 지역에서 발견된 적도 있다.

레서판다

레서판다는 밤에 먹이를 찾아 다닌다. 먼 친척뻘인 대왕판다처럼 주로 대나무를 먹지만 작은 포유동물과 새를 잡거나, 곤충, 나무 열매, 꽃도 먹잇감으로 삼는다.

3000미터

아고산 식물대

3000미터에서 3800미터 높이에는 '아고산대'가 있다. 초겨기에는 부탄소나무 동히말라야전나무 향나무와 같은 나무들이 자란다. 히말라야불곰과 늑대가 여름에 올라와서 지내다가 겨울이 되면 낮은 곳으로 내려간다.

고지대의 꿩

히말라야버디펭은 겨울에는 눈 속에 묻힌 식물의 뿌리와 벌레를 먹는다. 여름에는 애벌레, 야생 딸기, 버섯을 먹는다.

3800미터

고산 식물대

3800미터에서 5500미터 사이의 고산대에서는 방석식물과 같은 작은 식물들을 볼 수 있는데, 긴 뿌리에 물을 저장할 수 있어 건조한 기후를 견딘다. 약 4000미터를 넘어가면 나무는 자라기 어렵다. 나무가 자라지 못하는 경계선을 '수목한계선'이라고 부른다.

최상위 포식자

눈표범은 고산대와 아고산대의 최상위 포식자이다. 주로 히말라야산양이나 산양을 먹잇감으로 삼지만 야생 염소나 우는토끼, 들쥐 같은 작은 동물들도 숨어 있다가 공격한다.

사막

사막은 지구에서 가장 건조한 곳이다. 북아프리카의 사하라 사막처럼 더울 수도 있고, 중앙아시아의 고비 사막처럼 추울 수도 있다. 사막이라고 해서 모두 모래 언덕이 있는 것은 아니다. 돌이 많은 사막도 있다. 북극과 남극은 얼음으로 뒤덮여 있는데도 사막으로 분류하기도 한다. 거의 모든 사막은 물이 부족하지만, 물을 찾아내고 저장하는 능력을 가진 몇몇 식물과 동물은 사막에서 살아간다.

흰 꽃잎이 나팔처럼 펼쳐진 꽃 한 송이마다 수술이 수백 개씩 있는데 여기서 꽃가루를 만들어낸다.

다른 새가 만들어 놓은 둥지 구멍을 요정올빼미가 차지했다.

되새류, 딱따구리, 비둘기가 열매를 먹는다.

힐라딱따구리가 선인장의 중간 높이에 둥지 구멍을 뚫는다.

변경주선인장

미국과 멕시코에 걸쳐 있는 소노라 사막에서 자라는 변경주선인장은 거대한 촛대처럼 생겼다. 넓게 퍼지는 뿌리를 통해 물과 영양분을 빨아들이면서 천천히, 꾸준히 자란다. 30살에서 65살이 되면 꽃을 피우기 시작한다. 키가 다 자랄 때까지는 200년이 걸리는데, 24미터라는 기록을 세운 선인장도 있다.

가지는 선인장 하나에 40개까지 자랄 수 있다.

가시는 하루에 1밀리미터씩 자라며, 다 자라면 5~8센티미터가 된다.

굵은 줄기에 물을 저장한다.

변경주선인장의 넓은 뿌리는 15~30미터까지 뻗어나가며, 가운데의 곧은뿌리는 약 1미터 깊이까지 내려간다.

누가 꽃가루를 옮기나

다른 여러 식물과 달리 변경주선인장의 꽃은 밤에 완전히 피며 다음 날 오후가 되면 닫힌다. 꽃은 4월부터 6월 초까지 계속 핀다. 꿀벌이나 작은긴코박쥐들이 날아와서 꿀을 먹으려고 주둥이를 꽃에 들이밀 때 꽃가루를 묻히게 되고, 다른 꽃에 전달된다.

도움말 주신 전문가: 탈 애브가 함께 보아요: 물의 세계, 2권 36~37쪽; 신화의 과정, 4권 8~9쪽; 식물과 균류, 4권 14~15쪽; 생태계, 4권 20~21쪽; 지구의 두 끝, 4권 42~43쪽

나미브사막거저리

아프리카의 나미브 사막에는 나미브사막거저리라는 이름의 딱정벌레가 모래 언덕 위에서 머리를 아래로 하고 배는 위로 치켜든 채 아침 안개를 기다리며 서 있다. 안개가 밀려오면, 안개 속 물방울이 딱정벌레의 등에 솟아 있는 수많은 작은 돌기에 맺혀 몸통과 다리를 타고 입으로 들어간다. 이 딱정벌레는 이런 방법으로 몹시 건조한 환경에서 살아남을 수 있는 것이다.

1 바닷가에 낀 안개가 사막으로 밀려온다.

2 안개가 나미브사막거저리의 등에 응결되어 몸을 타고 흘러내린다.

3 나미브사막거저리가 물방울을 마신다.

아라비아오릭스

아라비아유니콘이라고도 부르는 아라비아오릭스는 아라비아 사막의 뜨거운 환경에 완벽하게 적응했다. 햇빛을 반사하는 얇은 털을 가졌고, 물 없이도 몇 달을 지낼 수 있다. 뇌는 동물 몸속에 있는 장기 중에 가장 열에 민감하다. 아라비아오릭스의 코에는 뇌로 가는 피를 식혀주는 특별한 혈관이 있다. 보존 프로젝트로 야생에서 멸종될 위기에서 벗어났다.

사실은!

사하라은개미는 1초에 86센티미터를 달려가는데, 이것은 사람이 1초에 200미터를 돌파하는 것과 같은 속도이다. 이렇게 빠른 속도로 사막의 뜨거운 열기 때문에 죽은 곤충을 찾아 포식자가 드문 한낮에 뛰어다닌다. 이 개미도 집에 빨리 돌아가지 않으면 죽게 될 것이다.

밝혀지지 않은 이야기

전갈은 왜 달빛 속에서 빛날까?

전갈의 껍질에 있는 형광 물질은 달빛의 약한 자외선을 받으면 청록색의 빛을 낸다. 이유는 아무도 확실히 모른다. 전갈의 몸 전체가 빛을 내어 전갈을 먹잇감으로 삼으려던 포식자들을 당황하게 하려는 것일 수도 있다. 바위와 같은 어떤 물체의 그림자가 전갈 위에 드리우면 껍질에서 내는 빛이 줄어든다. 전갈이 바위 아래를 포식자를 피해 숨을 수 있는 안전한 장소라고 여겨서일 수도 있다.

전문가의 한마디!

크리스틴 베리
생태학자

크리스틴 베리는 미국 캘리포니아의 모하비 사막에서 자랐다. 8살인가 9살 때부터 도마뱀을 잡으러 다니기 시작했으며, 어른이 되어서는 파충류와 양서류를 연구하는 파충류학자가 되었다. 개체군 생태학자이기도 하다. 지금은 사막거북에 관해 연구하고 있다.

❝ 파충류는 언제나 열정이 샘솟게 하는 존재랍니다. ❞

민물에 사는 생물

지구의 물 대부분은 바다와 소금호수에 담겨있는 소금물이다. 소금기가 없는 민물의 양은 아주 적다. 바다에 사는 동물을 제외한 인간과 동물은 민물을 먹어야 살 수 있다. 민물이 있는 시내, 강, 연못, 호수, 습지는 동물과 식물로 가득한 풍요로운 생태계이기도 하다. 물 속에서 살 수 있도록 적응한 생물도 있고, 물과 공기의 경계를 이용하도록 진화한 생물도 있다.

네눈박이송사리

남아메리카와 멕시코에서 볼 수 있는 네눈박이송사리는 실제로는 눈이 2개지만 눈이 위 아래로 나뉘어 있다. 윗부분은 물 위를 보고, 아랫부분은 물 아래를 본다. 네눈박이송사리는 물 위에서 날아오는 곤충을 잡거나 새와 같은 포식자를 피할 수도 있고, 물속 생물들의 움직임을 살필 수도 있다.

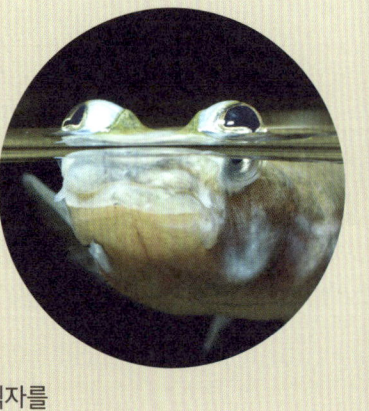

조준, 발사!

아시아와 오스트레일리아에 있는 물총고기는 물 위 나뭇가지에 앉아 있는 곤충에게 물을 쏘아 맞혀서 떨어뜨린다. 혀를 입 속 좁게 파인 곳에 대고 눌러 통로를 만들고, 아가미를 닫으며 물총을 쏘듯 물을 입 밖으로 내뿜는다. 물총고기는 먹잇감이 2미터 밖에 있어도 정확하게 맞추는 능력을 가졌다.

물 위를 걷는 거미

뗏목거미는 연못가에 앉아 앞다리를 물 위에 얹어놓고 다가오는 먹잇감이 물 위에 일으키는 진동을 감지한다. 뗏목거미는 다리 끝에서 분비하는 기름과 복슬복슬한 털을 이용해 물 위를 달려가 진동을 일으킨 곤충이나 작은 물고기를 잡는다.

도움말 주신 전문가: 앨릭잰더 휴린 **함께 보아요:** 신화의 괴성, 4권 8~9쪽; 생물의 분류, 4권 10~11쪽; 동물, 4권 16~17쪽; 곤충, 4권 18~19쪽; 바닷가, 4권 34~35쪽; 먼바다, 4권 38~39쪽; 깊은 바다, 4권 40~41쪽

기회를 잡아라

남아메리카의 강이나 연못에 사는 피라푸탕가는 송어와 비슷하게 생긴 물고기인데, 나무 열매나 씨를 좋아한다. 피라푸탕가는 연못 위에 있는 나무로 열매를 따 먹으러 오는 꼬리감는원숭이를 따라다니면 된다는 것을 알고 있다. 먹이를 지저분하게 먹는 편인 꼬리감는원숭이가 열매 조각이나 씨를 물 위에 흘리면, 기다렸던 피라푸탕가들이 맛 있게 받아 먹는다. 원숭이가 옮겨가면 피라푸탕가는 물 위로 뛰어올라 낮은 가지에 달린 열매를 직접 낚아채기도 한다.

피라푸탕가의 몸무게는 3.5킬로그램이다. 먹잇감은 대개 나무 열매이다.

피라푸탕가가 꼬리감는원숭이와 나무에 달린 열매를 볼 수 있도록 물이 맑아야 한다.

사실은!

물벌레의 일종인 마이크로넥타 스콜치는 몸 길이가 2.5밀리미터도 안 되지만 아마 세상에서 가장 시끄러운 동물일 것이다. 암컷을 유혹할 때 머리카락 굵기인 몸의 한 부분을 배에 있는 주름에 대고 문질러서 엄청난 소리를 낸다. 이 소리는 강둑을 따라 걸어가는 사람에게도 들릴 정도로 크다.

솜씨 좋은 어부

북아메리카 알래스카에 여름이 오면, 불곰들은 알을 낳으러 강의 상류로 이동하고 있는 연어를 기다린다. 연어는 급류나 폭포를 거슬러 올라갈 때마다 얕은 물을 지나야 한다. 이곳을 지키던 배고픈 불곰은 물 속에 뛰어들어 입으로 연어를 낚아챈다. 배고픈 불곰들이 많기 때문에, 큰 수컷 곰들은 연어가 가장 잘 잡히는 장소를 차지하기 위해 서로 다투기도 한다.

바닷가

바닷가는 육지와 바다가 만나는 곳이다. 보통 모래톱이나 바위, 갯벌로 이루어진다. 강물이 바닷물과 만나는 강어귀일 때도 있고, 바닷물이 드나드는 습지나 맹그로브 숲일 수도 있다. 태양과 달의 인력으로 바닷물이 오르락내리락하면서 많은 변화가 만들어지는 역동적인 세계이기도 하다. 바닷가의 야생 생물은 거센 파도에 부딪힐 뿐 아니라 더위와 추위, 소금물과 민물, 젖었을 때와 말랐을 때와 같이 대조적인 환경에 적응해왔다.

사실은!

불가사리는 작은 빨판처럼 생긴 관족을 이용해 조개의 껍질을 벌린다. 벌린 껍질 틈으로 위장을 밀어 넣어 조개의 연한 살을 소화한다. 불가사리는 공격을 당해서 팔 하나를 잃어도 새 팔이 또 돋아난다. 떨어져 나온 한 개의 팔에서 4개의 팔이 자라는 녀석들도 있다!

갈매기

갈매기는 해변의 쓰레기 청소부이다. 하늘에서 바닷가를 훑어본 후 쏜살같이 날아 내려와 먹을 수 있는 것은 무엇이든 다 먹어치운다. 우리가 손에 들고 있던 아이스크림을 채갈 수도 있다!

검은머리물떼새

이 새는 보이기 전에 길게 우는 소리부터 들릴 것이다. 작은 물고기를 잡아먹거나, 조개류의 껍질을 단단하고 납작한 부리로 비집어 열어서 살을 먹는다.

모래톱

모래톱은 작은 모래 알갱이들이 파도와 바닷물의 흐름에 따라 바닷가에 넓게 쌓여서 만들어진다. 모래 알갱이들은 빗물과 바람에 부서진 바위처럼 육지에서 오기도 하고, 파도에 부서진 산호나 조개 껍질같이 바다에서 오기도 한다. 모래톱의 모래, 물, 공기는 끊임없이 움직인다.

모래 언덕에서 잘 자라는 마람풀은 모래가 흩어지지 않게 해준다.

달랑게

달랑게는 밀물이 들어오면 잠기고, 썰물이 되면 드러나는 바닷가에 굴을 파고 산다. 달랑게는 죽어 있는 작은 생물들을 먹어서 바닷가를 깨끗하게 해주는 '청소 동물'이다. 커다란 달랑게는 바다거북의 알이나 새끼, 작은 동물을 잡아먹는 포식자이기도 하다.

맛조개

단단한 껍질은 많은 생물을 위험으로부터 보호해 준다. 맛조개의 껍질은 다른 조개에 비해서 약한 편이지만 강력한 발이 있다. 포식자에게서 도망칠 때 맛조개는 발로 재빨리 깊은 굴을 파고 숨는다.

도움말 주신 전문가: 길 릴로프 **함께 보아요:** 위성, 1권 34~35쪽; 우주 속의 지구, 2권 8~9쪽; 판구조론, 2권 16~17쪽; 산, 2권 22~23쪽; 중력, 3권 40~41쪽; 민물에 사는 생물, 4권 32~33쪽; 산호의 위기, 4권 36~37쪽; 먼바다, 4권 38~39쪽

밝혀지지 않은 이야기

기후가 따뜻해지면 바다거북에게 무슨 일이 일어날까?

바다거북은 알을 모래톱에 파묻는다. 모래의 온도가 31도 이상 올라가면 암컷이 태어나고, 27.7도 아래로 내려가면 수컷이 태어난다. 그 사이에는 암컷과 수컷이 거의 같은 수로 태어난다. 왜 이런 일이 일어나는지, 앞으로 지구 온난화가 계속되면 바다거북이 어떤 영향을 받을지는 아직 밝혀지지 않았다.

바닷가의 바위

하루의 반은 바닷물에 잠기고 나머지 반은 물 밖으로 나오는 바닷가 바위에는 다양한 생물이 사는데, 미끈미끈한 젤리 같은 물질로 덮여 있는 바닷말 같은 생물은 물 밖의 환경에도 잘 적응한다. 밀물 때면 바닷물로 덮였다가 썰물 때에는 연못이 되는 바위틈에 사는 작은 동물들은 썰물 때는 밖으로 나왔다가 밀물이 들어오면 서둘러 숨을 곳으로 향한다.

맹그로브의 생물

말뚝망둑어는 갯벌이나 바닷물 속에 서식하는 유일한 나무인 맹그로브의 복잡하게 얽힌 뿌리 틈에서 산다. 말뚝망둑어는 물 속이 아닌 물 밖에서 눈이 더 잘 보이기 때문에 거의 늘 갯벌 위에서 보내는데, 아가미를 이용하는 다른 물고기들과는 달리 피부로 산소를 받아들여 호흡을 할 수 있기 때문이다.

왜가리

왜가리는 긴 다리로 얕은 물로 걸어 들어가서 머리를 재빨리 움직여 길고 뾰족한 부리로 물고기나 조개류를 잡는다.

거머리말은 따뜻하고 얕은 물 속에 살며 꽃을 피우는 식물인데, 많은 바다 생물의 먹잇감이면서 몸을 숨기는 은신처가 된다.

투구게

한 달에 두 번, 보름달이 뜰 때와 달이 아예 보이지 않을 때에는 밀물이 가장 높이 들어온다. 매년 초여름 이때가 되면, 투구게 수백만 마리가 바닷가로 몰려나와 알을 낳는다. 철새들은 때맞춰 바닷가로 날아와 투구게가 모래 속에 낳은 알을 먹는다.

투구게는 파도 때문에 몸이 뒤집혔을 때 긴 꼬리를 이용해서 몸을 뒤집는다.

전문가의 한마디!

길 릴로프
해양 생물학자

길 릴로프 박사는 기후 변화가 바닷가에 사는 생물들의 서식지에 어떤 영향을 미치는지 연구한다. 박사가 사는 지중해의 바닷가에는 많은 토착종이 사라지고 새로운 종들이 들어오고 있어 생태계가 혼란에 빠져 있다.

" 우리는 빠르게 변화하는 세상에 살고 있는데, 자연에 사는 생물들이 변화에 적응하지 못할 것 같아서 걱정돼요. "

산호의 위기

열대 산호는 열대 우림처럼 생명체로 가득 차 있다. 황록공생조류라는 조류는 산호 안에 살면서 산호에게 영양분을 제공하고, 색깔을 만들어 준다. 산호는 23도에서 29도 사이의 바닷물에 사는 것을 좋아하는데, 온도가 더 올라가면 황록공생조류가 제 구실을 못하기 때문에 내보낸다. 조류를 내보낸 산호는 영양분을 얻지 못하고, 색깔이 없어져 하얗게 변하는 '백화 현상'이 나타나면서 마침내 죽음에 이르게 된다. 지구의 기후 변화로 인해 바닷물이 더워지면서 여러 곳에 있는 산호가 유령처럼 하얗게 변하고 있다.

얼룩검은쥐치는 다른 여러 물고기, 거북, 달팽이, 조개류, 해면과 같이 건강한 산호에서 발견되는 조류를 먹고 산다.

황록공생조류를 잃은 산호에서 보이는 것은 하얀 뼈대뿐이다. 산호의 백화 현상은 전보다 더 자주 일어나고 있다. 과학자들은 산호가 높은 온도에 적응하기도 전에 바닷물의 온도가 빠르게 높아지고 있어 걱정이 많다.

도움말 수신 전문가: 재니스 러프 **함께 보아요**: 신화의 과성, 4권 8~9쪽; 농불, 4권 16~17쪽; 생태계, 4권 20~21쪽; 바닷가, 4권 34~35쪽; 먼바다, 4권 38~39쪽; 기후 변화의 결과, 8권 38~39쪽; 기후 변화를 멈춰라, 8권 40~41쪽

밥 줘!

산호는 식물이 아니고 동물이다. 물에 떠다니는 동물성 플랑크톤을 촉수로 잡아서 먹거나 가시세포라고 하는 침처럼 생긴 특수한 세포로 먹잇감을 쏘아 잡는다. 산호 안에 사는 황록공생조류는 마치 식물처럼 햇빛으로 광합성을 해서 영양분을 만들어 산호에게 준다. 산호는 그 보답으로 조류에게 살 곳을 주는 것이다.

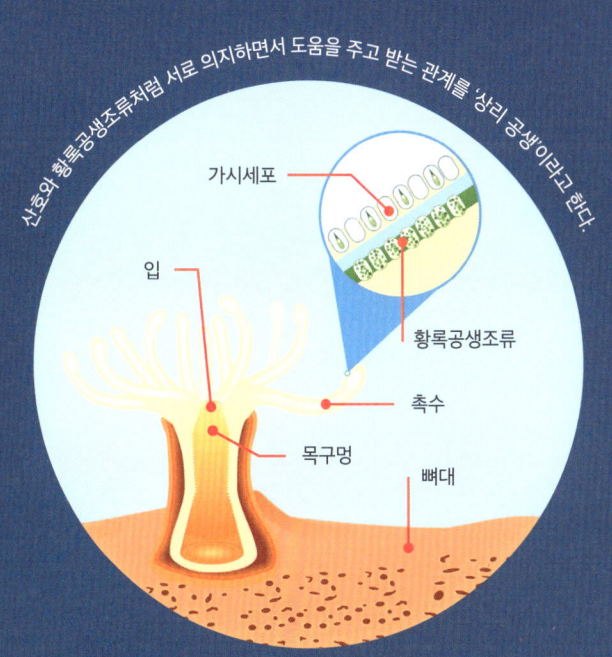

산호와 황록공생조류처럼 서로 의지하면서 도움을 주고 받는 관계를 '상리 공생'이라고 한다.

산호들이 자라면 서로 연결되면서 큰 덩어리를 만드는데 이것을 '산호초'라고 한다. 산호초가 쌓이고 쌓이면 '보초'라고 하는 산호의 언덕을 이루게 된다. 지구에서 가장 큰 보초는 오스트레일리아의 그레이트배리어리프인데, 길이가 2000킬로미터를 넘는다.

먼바다

해수면에서 200미터 아래 지점까지는 햇빛이 비치는 층으로, '표해수대'라고도 한다. 현미경으로만 볼 수 있는 작은 생물인 식물성 플랑크톤이 광합성을 하는 데 필요한 햇빛을 충분히 받을 수 있는 깊이이다. 광합성은 햇빛을 이용해 물과 이산화 탄소를 탄수화물로 바꾸는 활동이다. 식물성 플랑크톤은 광합성으로 영양분을 만들어내어 바다 생태계 먹이 사슬의 바탕을 이루며, 다양한 물고기나 고래와 같은 바다 포유동물들이 살아가도록 한다.

부리
돛새치는 길고 날카로운 부리를 칼처럼 휘둘러 사냥한다.

등지느러미
돛새치가 부리를 휘두르며 먹잇감을 공격할 때는 돛과 같이 커다란 지느러미를 펼쳐서 중심을 잡아 부리를 더 잘 움직일 수 있도록 한다. 다른 때에는 몸에 가까이 붙이고 있다.

먹잇감
정어리는 크게는 길이 7킬로미터, 폭 1.6킬로미터, 깊이가 20미터에 이르는 거대한 무리를 지어 이동한다.

아가미
물고기는 아가미로 물속의 산소를 얻는다.

피부
돛새치가 먹이활동을 할 때는 피부의 색깔과 무늬가 변하면서 눈에 잘 띄게 된다.

비늘
겹쳐서 난 비늘은 물속에서 부드럽게 미끄러지는 데 도움이 된다.

꼬리지느러미
강한 꼬리 근육은 헤엄치는 데 도움이 된다.

대서양돛새치

3미터까지 자라는 대서양 돛새치는 거의 바다 표면을 돌아다니지만, 가끔 먹잇감을 찾아 100미터 아래로 잠수할 때도 있다. 세계에서 가장 빠른 물고기에 속하는 대서양돛새치는 먹잇감을 발견하면 시속 36킬로미터가 넘는 속도를 내기도 한다. 먼바다에는 포식자들에게서 숨을 곳이 없기 때문에 빠르게 헤엄치는 물고기들이 많다.

도움말 주신 전문가: 린다 윌터스 **함께 보아요:** 지구, 2권 14~15쪽; 기후, 2권 46~47쪽; 생물의 기원, 4권 6~7쪽; 동물, 4권 16~17쪽; 생태계, 4권 20~21쪽; 민물에 사는 생물, 4권 32~33쪽; 산호의 위기, 4권 36~37쪽; 깊은 바다, 4권 40~41쪽

흰긴수염고래

지구에서 가장 큰 동물인 흰긴수염고래는 농구장 길이인 30미터까지 자라지만, 좋아하는 먹잇감은 다 자라도 겨우 6센티미터밖에 안 되는 크릴이다.
20세기까지는 고래잡이가 활발하여 흰긴수염고래의 수가 크게 줄었지만, 고래를 보호하기 시작하면서 점점 늘어나고 있다.

해류를 따라서

사자갈기해파리 몸의 지름은 2미터, 촉수의 길이는 흰긴수염고래와 같이 30미터에 이른다. 해파리는 바다거북처럼 바닷속을 흐르는 거대한 강인 해류를 타고 이동한다. 해류는 적도 근처에서 따뜻하게 데워진 바닷물을 지구의 남쪽과 북쪽으로 흘려보낸다. 해류는 한 곳의 열을 다른 곳으로 이동하게 하여 지구의 기후가 안정되도록 하는 데 도움을 준다.

사실은!

상어는 절대 멈추지 않는다. 산소가 풍부한 물이 입속으로 계속 들어와 아가미를 통과하게 하려면 계속 움직여야만 하기 때문이다. 상어가 한 자리에 가만히 머물게 되면 호흡하기가 어려워 죽을 수도 있다.

플라스틱 오염

플라스틱으로 인한 바다의 환경 오염은 정말 심각한 문제이다. 바다의 생태계를 위협하는 것에는 눈에 보이는 플라스틱 덩어리들뿐 아니라, 눈에 보이지 않을 만큼 작은 플라스틱 조각들도 포함된다. 세탁기에서 버려지는 물에는 옷에서 떨어져 나온 미세한 화학 섬유도 들어있다. 버려진 물이 바다에 이르면 작은 바다 생물들이 플라스틱 조각들이나 화학 섬유를 먹게 되어, 플라스틱이 먹이 사슬 안으로 들어오게 된다.

한 곳을 맴도는 '환류'라고 하는 해류가 흐르면서 플라스틱을 끌어 모아 엄청나게 넓은 쓰레기 섬을 만든다. 태평양에는 이런 거대 쓰레기 섬이 두 개나 있는데, 크기가 미국 텍사스 주의 2배나 된다고 한다.

서태평양 쓰레기 섬 · 동태평양 쓰레기 섬 · 텍사스 · 아시아 · 북아메리카 · 태평양

깊은 바다

바다는 지구에서 가장 큰 생태계인데, 대부분은 아주 깊은 바다로 이루어져 있다. 과학자들은 아직 깊은 바다의 아주 일부만을 탐사했을 뿐이어서, 사실 깊은 바다보다 달 표면에 대해 더 많이 알고 있을 정도이다. 바다 깊이 내려갈 수 있는 잠수정이 발명된 후에는 본격적인 탐사 활동이 잦아졌고, 아주 깊은 바다 밑 이상하고 놀라운 생명체들도 만날 수 있게 되었다.

바다의 층

과학자들은 바다를 깊이, 물의 압력, 햇빛의 양에 따라 여러 층으로 나눈다. 가장 깊은 바닥 층에서는 물의 압력이 엄청나게 높다. 가로 10센티미터, 세로 10센티미터 넓이에 흰긴수염고래 한 마리가 들어가서 누르고 있는 만큼의 힘이다.

햇빛이 비치는 층(표해수대), 0~200미터
물의 압력: 지구 표면의 1~20배

햇빛이 아주 약간 비치는 층(중심해수대), 200~1000미터
물의 압력: 지구 표면의 20~100배

햇빛이 전혀 닿지 않는 층
(점심해수대),
1000~4000미터
물의 압력: 지구 표면의
100~400배

덤보문어

지금까지 알려진 문어 가운데 가장 깊은 곳에서 사는 종이다. 몸길이는 20~30센티미터이고, 덮개 같은 지느러미가 애니메이션 주인공 코끼리 덤보의 커다란 귀와 비슷하게 생겨서 '덤보문어'라는 이름이 붙었다.

깊은 바닥 층
(심해저대),
4000~6000미터
물의 압력: 지구 표면의
400~600배

세발치

세발치는 몸길이가 30~40센티미터이고, 아주 길게 뻗어 있어 마치 다리처럼 보이는 배지느러미와 꼬리지느러미로 깊은 바다 바닥에 멈추어 선다. 해류를 따라 헤엄쳐 지나가는 먹잇감을 잡기에 딱 좋은 높이가 된다.

가장 깊은 바닥 층
(초심해저대)
6000~1만미터
물의 압력: 지구 표면의
600~1100배

심해꼼치

심해꼼치는 몸 길이가 15~30센티미터이다. 2017년 일본의 과학자들이 지구에서 가장 깊은 곳인 태평양 마리아나 해구의 8178미터 깊이에서 심해꼼치의 사진을 촬영했다.

도움말 주신 전문가: 모니카 브라이트 함께 보아요: 지구의 내부, 2권 12~13쪽; 판구조론, 2권 16~17쪽; 지진과 지진 해일, 2권 20~21쪽; 압력, 3권 42~43쪽; 먼바다, 4권 38~39쪽

어둠 속의 빛

깊은 바다에 사는 동물 대부분은 어둠 속에서 환하게 빛난다. 몸에서 일어나는 화학 반응이나 몸 속에 사는 미생물 때문이다. 햇빛이 거의 들어오지 않는 중심해수대와 햇빛이 전혀 없는 점심해수대에 사는 심해아귀의 암컷은 낚싯대처럼 생긴 긴 지느러미의 끝에 발광 미생물이 가득 들어있는 미끼를 달고 있다. 먹잇감은 미끼의 불빛에 현혹되어 이빨이 가득 솟아나 있는 아귀의 입 쪽으로 다가간다.

심해아귀의 암컷은 몸 길이가 18센티미터이지만, 수컷은 겨우 2.5센티미터밖에 안 된다.

암컷 심해아귀에게만 빛을 내는 미끼가 있다.

다른 심해 물고기처럼 심해아귀도 몸이 부드럽다. 어떤 종은 수컷 심해아귀가 이빨을 이용해 암컷 몸에 달라붙어 있으며, 평생 그렇게 붙어 다니기도 한다.

심해아귀는 커다란 입과 길고 뾰족한 이빨로 유명하다. 다른 심해 물고기와 새우를 먹는다.

심해아귀는 위장을 믿을 수 없을 정도로 크게 부풀릴 수 있으며, 자신보다도 더 큰 먹이를 삼킬 수 있다.

깊은 바다 탐험

작은 잠수함인 심해 잠수정은 깊은 바다의 높은 압력에도 견딜 수 있도록 특수한 방법으로 단단하게 만든다. 과학자들은 잠수정을 이용해서 깊은 바다의 동물들을 관찰할 수 있다. 연구실에서 연구하기 위한 목적으로, 압력을 높인 탱크에 깊은 바닷속 동물을 담아서 올라오기도 한다.

과학자들이 사방을 볼 수 있는 공 모양의 캡슐 안에 앉아 있다.

전문가의 한마디!

모니카 브라이트
해양 생물학자

모니카 브라이트가 처음으로 바다를 본 것은 어려서 지중해로 휴가를 떠났을 때였다. 바닷속의 다양한 동물들에 푹 빠져서 동물학과 해양생물학까지 공부하게 되었다.

❝ 바다 밑 생태계가 얼마나 거대한지는 잠수정을 타고 내려가 봐야만 알 수 있어요. ❞

지구의 두 끝

극지방은 얼어붙어 있다. 지구 북극에 있는 북극해는 1년 가운데 9개월 동안 얼어있다. 북극해를 둘러싸고 있는, 얼음으로 덮인 툰드라 지역에서는 자랄 수 있는 것이 거의 없다. 지구 남극에 있는 남극 산악 지대는 두께 1.9킬로미터가 넘는 만년설이 덮여 있다. 지구에서 가장 추운 장소인 남극의 겨울 기온을 위성으로 측정한 결과 최저 기온은 영하 98도였다.

극제비갈매기의 무게는 중간 정도 크기 사과와 비슷한 100그램 정도이다. 길고 좁은 날개는 바람을 타고 높이 날아 오르기에 좋다.

극제비갈매기는 그린란드의 땅 위에 둥지를 튼다. 새끼들은 이곳에 풍부한 작은 빙어와 물고기를 먹는다.

남쪽으로 가는 길에 북대서양의 한가운데서 거의 한 달 동안 쉬면서 먹이를 먹는다.

아프리카 북서부에서 약 절반 정도의 극제비갈매기들이 대서양을 건너 남아메리카 해안을 따라 남쪽으로 날아간다.

남쪽에서 여름을 지내는 동안에는 남극 대륙의 웨들해에서 먹이를 먹는데, 이곳에는 작은 물고기가 풍부하다.

돌아가는 길에는 하루에 520킬로미터씩 날아 약 40일 만에 그린란드에 도착한다. 바람을 타고 날아가는 동안 먹이활동을 하거나 잠을 자기도 한다.

장거리 비행

극제비갈매기는 매년 북극 근처에서 남극 사이를 비행하는데, 지구의 양쪽 끝에서 되도록 여름을 길게 보내기 위해서이다. 극제비갈매기가 한 해에 비행하는 거리는 7만 킬로미터나 된다. 수명이 30년인 이 갈매기는 평생 달에 갔다가 돌아오는 거리의 세 배를 날아다닌다.

도움말 주신 전문가: 탈 애브가, 존 피 래퍼티 **함께 보아요**: 기후, 2권 46~47쪽; 진화의 과정, 4권 8~9쪽; 생물의 분류, 4권 10~11쪽; 동물, 4권 16~17쪽; 생태계, 4권 20~21쪽; 에베레스트산, 4권 28~29쪽; 얼음이 녹고 있다, 4권 44~45쪽; 기후 변화의 결과, 8권 38~39쪽

얼음 밑에서 숨 쉬기

바다에 사는 포유동물은 바다가 얼음으로 덮여 있을 때 어떻게 숨을 쉴까? 남극에 사는 웨들바다표범은 이빨을 이용해서 얼음에 구멍을 뚫는다. 북극의 흰돌고래, 외뿔고래, 북극고래는 얼음이 갈라져 물이 드러난 공간을 찾아다닌다.

밝혀지지 않은 이야기
바다거미는 왜 그렇게 클까?

남극 대륙 바다를 덮은 얼음 아래에서 사는 바다거미는 크기가 대형 접시만 하다. 과학자들은 거미처럼 생긴 바닷속의 이 동물들이 이렇게 당황스러울 만큼 큰 이유는 산소 농도가 높은 차가운 물과 느린 신진대사 간에 어떤 관계가 있기 때문일 것이라고 생각한다.

아빠 펭귄과 엄마 펭귄

남극에서는 황제펭귄의 수컷이 새끼의 양육을 돕는다. 암컷이 알을 낳으면 수컷이 맡아 보살핀다. 수컷은 알을 자신의 발 위에 균형을 잘 잡아 올려놓고, 나중에 알을 깨고 새끼가 나오면 새끼를 발 위에 잘 올려 둔 채로 얼음 위에 머무른다. 그동안 암컷은 112킬로미터를 걸어가 바다에서 먹이활동을 한다. 암컷은 535미터까지 잠수해서 먹잇감인 물고기와 오징어를 잡아 삼키고, 돌아와서는 삼켰던 먹이를 토해내 새끼에게 먹인다.

수컷은 배 아래에 달린 포근한 새끼 주머니로 새끼를 보호한다.

펭귄들은 시속 144킬로미터의 차가운 강풍에서 스스로를 보호하기 위해 함께 붙어 서 있다.

전문가의 한마디!

존 래퍼티
지구·생명과학 전문 편집자

존 래퍼티는 브리태니커의 지구·생명과학 전문가이다. 지구와 지구에 사는 생물들이 끊임없이 서로 영향을 주며 변화시키는 모습이 놀랍기만 하다.

❝ 지구는 우리가 발견한 행성 중에 생명체가 있는 유일한 곳이에요. 생명체는 엄청나게 덥거나 추운 곳, 엄청나게 압력이 높거나 낮은 곳, 또는 그 중간 어디쯤에서 지구 어디에나 존재하고 있지요. ❞

기후에 맞게 생겼어

북극 지방에 사는 사향소는 몸이 여러 겹의 털로 싸여 있고, 두꺼우면서 속이 빈 털이 발굽 위에 수북하게 나 있는 덕분에 혹독한 북극의 겨울을 견딘다. 털이 없다면 발이 얼어서 땅에 붙어버릴 것이다.
사향소도 북극곰처럼 몸집은 크고 다리는 작다. 작은 동물보다 몸의 열을 덜 뺏긴다는 뜻이다.

얼음이 녹고 있다

지구 온난화가 진행되면서, 매년 북극해에서는 얼음이 줄어들고 있다. 얼음을 타고 먹잇감인 바다표범을 사냥하는 북극곰에게는 큰 타격을 주는 일이다. 배고픈 북극곰들은 땅에서 새알, 산딸기, 해조를 먹고 굶주림을 면한다. 캐나다 허드슨만의 북극곰들은 바위 위에 서 있다가 흰돌고래가 조류를 타고 헤엄쳐 들어올 때 사냥하는 법을 터득하기도 했다.

북극곰은 곰 중에서 가장 큰 편에 속한다. 일생의 대부분을 바다 얼음 위나 바닷속에서 수영을 하며 보내기 때문에 바다에 사는 포유류로 분류된다.

흰돌고래도 돌고래처럼 바다에 사는 포유류인 이빨고래에 속한다. 돌고래와 다른 점은 등 지느러미가 없다는 것이다. 등 지느러미는 얼음 아래에서 걸릴 수 있기 때문이다.

도움말 주신 전문가: 탈 애브가, 존 래퍼티 **함께 보아요:** 지구의 얼음, 2권 38~39쪽; 자연적인 기후 변화, 2권 48~49쪽; 진화의 과정, 4권 8~9쪽; 생태계, 4권 20~21쪽; 먼바다, 4권 38~39쪽; 지구의 두 끝, 4권 42~43쪽; 기후 변화의 결과, 8권 38~39쪽

북극곰의 새끼들

북극곰 암컷은 겨울에 눈 속의 굴에서 지내며 새끼를 낳는다. 새끼는 보통 한 마리에서 세 마리 정도 낳는다. 태어날 때는 눈도 뜨지 않고 무게도 설탕 한 봉지만큼도 안 나가지만, 어미의 젖을 실컷 먹으며 빠르게 몸무게가 불어난다. 새끼들은 태어난 지 3개월에서 4개월 정도 지나 봄이 오면 굴 밖으로 모습을 드러낸다.

북극곰 새끼들은 어미와 함께 3년 정도 같이 지내며 헤엄치는 법, 바다표범 사냥하는 법, 거친 환경에서 살아남는 법을 배운다.

여름에 찾아오는 손님

매년 여름이면 흰돌고래들이 캐나다 허드슨만 남쪽 끝에 있는 실강 어귀에 찾아와서 허물을 벗듯 바깥 피부층을 떨구어낸다. 흰돌고래들은 여기서 새끼를 낳는다. 이곳의 물은 허드슨만보다는 따뜻하기 때문에 갓 태어난 새끼를 키우기에 좋다.

새끼 흰돌고래는 어미와 가까이 붙어 지낸다. 흰돌고래들은 새들처럼 서로를 부르며 대화를 하기 때문에 '바다의 카나리아'라고 부르기도 한다.

45

도시의 낮

도시에 사는 갈매기와 맹금류는 건물 창틀의 선반처럼 튀어나온 부분에 둥지를 튼다. 이 새들이 원래 둥지를 트는 자연 속 바위 절벽과 비슷하기 때문이다. 갈매기는 쓰레기통에서 먹이를 찾고, 매는 고층 건물들 사이를 계곡 삼아 도시 비둘기들을 먹잇감으로 사냥한다.

비둘기는 가끔 도시 환경에 해가 될 수도 있다. 어떤 도시에서는 비둘기를 쫓기 위해 송골매를 들여오기도 한다.

도시 건물에 둥지를 틀면 야생에서보다 안전한 경우가 많다. 여우 같은 포식자들이 접근할 수가 없기 때문이다.

다람쥐는 보통 낮에 활동하지만 도시는 따뜻하고 불빛이 밝기 때문에 밤에도 먹이를 찾아다닌다.

도시의 야생 동물

야생 동물은 우리가 사는 도시를 밤낮으로 돌아다닌다. 거의 먹을 것을 찾기 위해서이다. 사람들이 음식물을 많이 낭비하는 까닭에 야생 동물들은 쓰레기통이나 새 모이통에서 손쉽게 먹을 것을 얻는다. 유럽의 여우와 오소리가 그렇듯, 북아메리카에서는 너구리와 코요테가 흔히 집 뒷마당을 돌아다닌다. 세계 여러 도시에 원숭이부터 주머니쥐, 파충류에 이르기까지 다양한 야생 동물이 살고 있다.

자연의 소프라노

도시의 까치는 시골에 있는 까치보다 더 짧고 빠르고 높은 음으로 지저귄다. 음높이의 변화가 하도 커서 시골 까치는 도시 까치의 노래를 알아듣지조차 못할 정도이다.

진정한 도시 동물

카리브해 지역의 도시아놀도마뱀은 다리가 더 길고, 발은 더 끈끈하게 달라붙도록 진화했다. 유리와 콘크리트를 잘 기어 다니기 위해서이다. 도시에 적응하면서 도시 환경의 이점을 누릴 수 있게 되었고, 위험이 많은 숲에 얽매여 살지 않게 되었다.

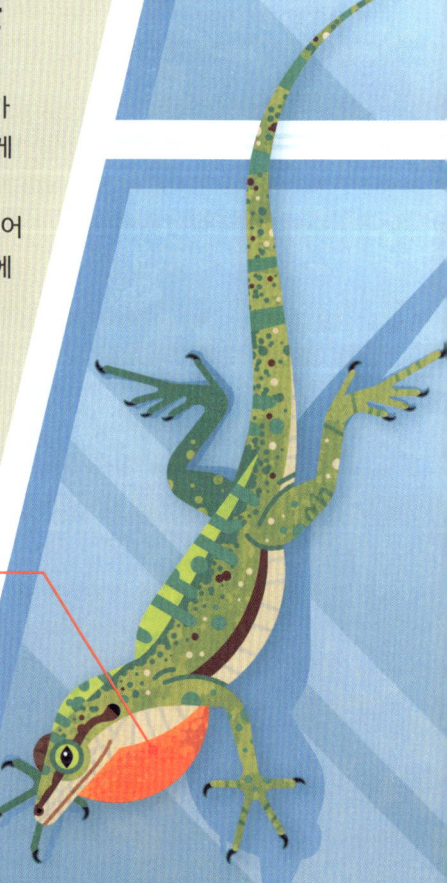

도마뱀은 목 부분의 늘어지는 피부를 부풀려서 크게 보이도록 하는데, 아마 자신의 영역을 침범하는 침입자에 대한 경고일 것이다.

도움말 주신 전문가: 마이클 베이 함께 보아요: 신화의 과정, 4권 8~9쪽; 생물의 분류, 4권 10~11쪽; 동물, 4권 16~17쪽; 생태계, 4권 20~21쪽; 자연의 힘 이용하기, 4권 48~49쪽

도시의 밤

도시에 사는 사람들이 잠자리에 들면 야간 근무조가 도시를 차지한다. 흰발쥐와 들쥐도 야간 근무조에 포함된다. 도시에 사는 들쥐는 시골에 사는 들쥐보다 뇌가 더 크다. 과학자들은 도시 생활이 복잡해서 그런 것인지에 관해 연구하고 있다.

줄무늬올빼미는 도시에서도 잘 적응한다. 공원이나 마당에 살며 생쥐, 쥐, 다람쥐를 잡는다.

바퀴벌레는 건물 안에 산다. 먹을 것이 풍부하며, 따뜻하고 안전한 환경을 활용하는 것이다.

대도시의 원숭이

아시아의 남부에서는 몇몇 원숭이들이 대도시에 서식한다. 원숭이들은 음식을 훔쳐서 먹으며, 괴롭히는 사람들을 물고, 야생에서 나무를 타듯 건물과 전깃줄을 타고 다닌다. 원숭이들의 수를 줄여야 한다고 생각하는 사람들도 있지만, 힌두교 신자들은 하누만 신이 원숭이의 모습으로 세상에 와 있다고 믿기 때문에 신성하게 여긴다. 힌두교 신자들은 화요일과 토요일에 원숭이들에게 먹을 것을 주는 전통을 갖고 있다.

사실은!

미국의 대도시인 로스앤젤레스에서 퓨마 한 마리가 발견되었다. 할리우드 언덕 그리피스 공원에 퓨마가 살고 있는 모습이 2012년에 카메라에 찍혔다. 그리피스 공원은 고속도로로 둘러싸여 고립되어 있는 작은 원시림이다. 과학자들은 퓨마의 자취를 계속 추적하고 있지만, 할리우드에 사는 사람들이나 1년에 1000만 명이나 되는 방문객들 가운데 그 퓨마를 본 사람들은 거의 없다.

미국 너구리는 쓰레기통을 뒤지거나 고양이가 드나들도록 만들어 놓은 문을 통해 집 안에 들어와 먹을 것을 찾기도 하기 때문에 '쓰레기 판다'라는 별명이 붙었다.

47

자연의 힘 이용하기

약 1만 5000년 전, 우리 조상 일부는 여기저기 옮겨 다니며 사냥을 하거나 먹을 것을 찾아다니는 대신 한 곳에 모여서 살기 시작했다. 먹을 것을 확보하는 것은 매우 중요하기 때문에, 야생에서 동물과 식물을 가져와 먹기 좋고 맛도 있으며 키우기도 편한 동물과 식물을 골라서 키웠다. 다음 세대도, 그 다음 세대도 그렇게 했다. 마침내 사람이 원하는 맛과 양을 갖춘 동물과 식물만을 키울 수 있게 되었다. 이것이 식물을 '재배'하고 동물을 '가축으로 길들이는' 과정이다.

야생의 기원

3만 년도 더 전에 프랑스 쇼베 동굴에 남겨진 벽화에서 보듯이, 사람이 말을 길들이기 전에는 야생말들을 사냥했다. 원시인들은 들소, 사슴, 소의 조상인 오록스, 야생말을 사냥하여 고기를 얻었다.

선택 교배

인간은 말을 6000년 전에 길들였다. 처음에는 타고 다니기 위해서, 무거운 짐을 끌게 하기 위해서 길을 들였고, 전투와 같은 특별한 임무를 위해서나 경주를 시키기 위해서도 길을 들였다. 농부는 오래 일할 수 있도록 힘이 좋은 말을 선택하고, 경주마 주인은 빨리 달릴 수 있도록 길고 튼튼한 다리를 가진 말을 선택했다. 이렇게 필요한 특징을 가진 말을 골라서 새끼를 낳도록 하는 것을 '선택 교배'라고 한다.

짐수레를 끄는 말은 힘이 있어야 하고, 순하며 말을 잘 들어야 한다.

농장에서 쓰는 말은 쟁기나 수레, 통나무를 끌어야 하기 때문에 키가 크고 힘이 세도록 개량했다.

도움말 주신 전문가: 마이클 베이 **함께 보아요:** 생물의 분류, 4권 10~11쪽; 초원, 4권 26~27쪽; 노시의 야생 동물, 4권 46~47쪽; 예술의 시작, 5권 30-31쪽; 비옥한 초승달 지대, 6권 8~9쪽; 당나라, 6권 44~45쪽; 세계를 먹이다, 8권 12~13쪽

하나에서 여럿이 나왔다

이 식물들은 서로 다르게 생겼고 맛도 다르지만, '브라시카라파'라고 하는 같은 종이다. 모두 남유럽에서 중앙아시아에 걸쳐 자라는 야생 겨자에서 나온 것이다. 농부들은 여러 세대에 걸쳐 큰 꽃봉오리가 달린 것만을 골라서 브로콜리와 콜리플라워를 만들어냈다. 뿌리가 큰 것들을 선택해 지금 우리가 먹는 순무를 만들었고, 잎이 많이 달린 것을 선택해서 케일을 만들었다.

브로콜리 꽃봉오리를 선택
케일 잎을 선택
콜리플라워 꽃봉오리를 선택
양배추 큰 꽃눈을 선택
순무 뿌리를 선택
콜라비 줄기를 선택
브라시카라파 평범한 야생 겨자

닭이 더 커졌다

지구에 있는 닭은 200억 마리가 넘는데, 새 종류 가운데 가장 많다. 닭이 빨리 성장하도록 첨가물을 넣은 사료를 주고, 좁은 공간에서 많은 닭을 키우기도 한다. 이와 함께 빨리 자라며, 더 크게 자라도록 선택 교배가 이루어져서, 오늘날의 닭은 60년 전보다 4배나 더 커졌다. 이런 사육 방식에 대해서는 건강의 문제, 동물 복지의 문제와 관련하여 생각할 필요가 있다.

북극의 목동

스칸디나비아 북부와 러시아에 사는 사미족은 순록 무리를 돌본다. 순록은 반쯤 길들여진 동물로 분류된다. 사미족은 순록에서 고기·가죽·젖을 얻고, 교통수단으로 이용하기도 한다.

사실은!

개의 수백 가지 품종은 고대 늑대의 한 종에서 진화한 것이다. 인간이 사냥을 위해서, 양치기용으로, 반려 동물로 선택적으로 교배를 시켰기 때문이다. 가장 최근에 만들어진 품종은 코커스패니얼과 푸들 사이에서 태어난 코카푸와 같은 이종 교배 품종이다.

치와와 · 보더테리어 · 닥스훈트 · 프렌치불독 · 카발리에킹찰스스패니얼 · 미니어처 핀처 · 잉글리시 불독 · 보더콜리 · 래브라도 · 비즐라 · 저먼셰퍼드 · 버니즈 마운틴독 · 늑대

전문가에게 물어봐!

케빈 포스터
진화 생물학자

어떤 질문에 대한 답을 찾고 싶으세요?
우리 몸은 많은 미생물, 밀도가 높고 다양한 공동체를 형성하며 사는 미생물의 집이에요. 미생물은 우리 생활의 거의 모든 면에 영향을 주지만 정작 우리는 미생물에 대해 알고 있는 게 별로 없어요. 미생물은 어떻게 진화하는 걸까요? 왜 어떤 때는 우리 건강에 해를 끼치는 걸까요?

선생님 분야에서 놀라운 일이 있다면 어떤 거예요?
세균이 싸우는 걸 좋아한다는 거요! 얘들은 다른 세균을 공격하는 데 쓸 무기를 엄청나게 많이 가지고 다녀요. 주변에 독소를 내뿜거나 독이 들어있는 분자 작살총 같은 무자비한 기구를 경쟁 세균에게 쏘아 죽인다니까요.

연구하시면서 즐거운 일은 뭘까요?
나는 우리가 마치 작은 열대 우림처럼 몸 안팎에 수백 가지 종의 미생물들을 데리고 다닌다는 게 정말 신기해요. 우리가 잘 살려면 이 축소판 세상을 제대로 아는 게 매우 중요해요. 건강하게 사는지, 병에 걸려서 사는지가 이것으로 결정되는 경우가 많거든요.

재니스 러프
기후학자

연구하시면서 즐거운 일은 뭐예요?
과학자라는 것 자체가 재미있어요! 주변 세상에 대한 질문을 던지는 것은 무척 즐거운 일이죠. 나는 커다란 산호초에서 뼈대를 추출하는 일도 하는데요, 뼈대 조각을 엑스선으로 촬영하면 산호초에도 나무처럼 1년마다 나이테가 나 있는 걸 볼 수 있어요. 이걸 보면 아주 오래전에 환경이 어땠는지, 산호가 얼마나 빨리 성장했는지를 알 수 있죠. 산호초의 뼈대는 '천연 산호 역사책'이랍니다!

놀라운 사실을 하나 말씀해 주신다면요?
산호가 동물이라는 거요! 열대 산호초의 특별한 점은, 주인인 산호 동물과 그 산호의 조직 안에서 사는 작은 식물인 조류와의 관계에서 찾을 수 있죠. 이 특별한 관계는 그 산호와 조류 둘 다에게 이익이 돼요. 산호는 영양분을 얻어서 탄산 칼슘 뼈대를 만들 수 있고, 조류는 산호라는 안전한 살 곳을 얻게 되는 거예요.

디노 마틴스
곤충학자

연구하시면서 즐거운 일은 뭐예요?
곤충과 식물이 어떻게 함께 협력해서 이 지구를 계속 돌아가게 하는지 관찰하는 게 내가 하는 연구예요. 그 애들끼리 상호 작용하는 걸 관찰하면서 그 복잡한 생활 속 수수께끼와 미스터리를 풀어나가는 게 정말 재미있어요. 그들의 세계를 들여다보면서 새로운 발견을 할 수 있다는 건 대단한 영광이고 기쁨이랍니다.

놀라운 사실을 하나만 말씀해 주신다면요?
우리 입에 들어가는 음식의 3분의 1은 꽃가루받이를 도와준 꿀벌이나 나비 덕분에 생겼다는 사실입니다.

가장 발견하고 싶으신 것은 무엇인가요?
오늘날 우리는 해결해야 할 많은 과제를 마주하고 있어요. 지구를 함께 쓰고 있는 다른 많은 생물과 우리 자신과의 관계를 잘 이해하면 새로운 문제를 또 만들지 않으면서 이 많은 문제를 잘 풀어나갈 해결책을 찾을 수 있을 거예요.

퀴즈

1) 지구가 생긴 후 첫 20억 년 간 지구에 거의 없었던 것은 무엇인가요?
   - ㄱ. 물
   - ㄴ. 산소
   - ㄷ. 땅
   - ㄹ. 생명체

2) 생물을 등급이나 각각의 범위로 나누는 것을 과학 용어로 무엇이라 하나요?
   - ㄱ. 분류
   - ㄴ. 분장
   - ㄷ. 구리
   - ㄹ. 선택

3) 햇빛을 이용해 물과 이산화 탄소를 탄수화물과 산소로 바꾸는 과정을 무엇이라고 하나요?
   - ㄱ. 발효
   - ㄴ. 연소
   - ㄷ. 광합성
   - ㄹ. 호흡

4) 코끼리나 범고래와 같이 오래 사는 동물들의 가족은 누가 중심이 되나요?
   - ㄱ. 젊고 힘이 센 수컷
   - ㄴ. 가장 몸집이 큰 수컷
   - ㄷ. 젖을 먹는 새끼가 있는 암컷
   - ㄹ. 경험과 나이가 많은 암컷

5) 세계에서 가장 크게 자라는 나무는 무슨 나무일까요?
   - ㄱ. 핀란드 깊은 숲에서 자라는 자작나무
   - ㄴ. 오스트레일리아에서 널리 재배되는 유칼립투스
   - ㄷ. 미국 서해안에서 자라는 미국삼나무
   - ㄹ. 캐나다의 숲에서 자라는 단풍나무

6) 항설대는 어디에 있나요?
   - ㄱ. 바닷속 깊은 곳
   - ㄴ. 산 위의 높은 곳
   - ㄷ. 사막의 가장 더운 곳
   - ㄹ. 만년설에 덮인 곳

7) 에베레스트산 정상 근처의 석회암에는 무엇이 들어 있나요?
   - ㄱ. 금
   - ㄴ. 조개
   - ㄷ. 수정
   - ㄹ. 쌀벌레

8) 사막에 사는 나미브사막거저리는 물을 어떻게 구해서 마시나요?
   - ㄱ. 땅을 판다.
   - ㄴ. 오아시스를 찾는다.
   - ㄷ. 낙타의 오줌을 마신다.
   - ㄹ. 거꾸로 서서 안개에서 물방울을 모은다.

9) 물총고기는 나뭇가지에 매달려 있는 곤충을 어떻게 잡나요?
   - ㄱ. 나뭇가지를 던져서
   - ㄴ. 아름다운 노래를 불러서
   - ㄷ. 물을 쏘아서
   - ㄹ. 큰 소리를 질러서

10) 뗏목거미가 할 수 있는 특별한 일은 무엇인가요?
    - ㄱ. 금으로 된 거미줄을 칠 수 있다.
    - ㄴ. 엄청나게 높이 뛰어오를 수 있다.
    - ㄷ. 쥐를 죽일 수 있다.
    - ㄹ. 물 위를 걸을 수 있다.

11) 말뚝망둑어는 어떤 물고기인가요?
    - ㄱ. 피부를 통해서 산소를 얻는다.
    - ㄴ. 물 밖으로는 나오지 않는다.
    - ㄷ. 말뚝을 박는다.
    - ㄹ. 세계에서 가장 빠른 물고기다.

12) 태평양을 떠도는 거대 쓰레기 섬은 주로 무엇으로 이루어져 있나요?
    - ㄱ. 골판지 상자
    - ㄴ. 플라스틱
    - ㄷ. 음식물 쓰레기
    - ㄹ. 담배꽁초

13) 심해아귀 암컷은 무엇을 할 수 있나요?
    - ㄱ. 미끼에서 빛을 낼 수 있다.
    - ㄴ. 바닷물 위를 걸어 다닐 수 있다.
    - ㄷ. 육지에서 숨을 쉴 수 있다.
    - ㄹ. 자신이 먹을 먹이를 기를 수 있다.

14) 오록스는 지금 어떤 동물의 조상이었나요?
    - ㄱ. 돼지
    - ㄴ. 말
    - ㄷ. 소
    - ㄹ. 타조

정답: 1) ㄴ, 2) ㄱ, 3) ㄷ, 4) ㄹ, 5) ㄷ, 6) ㄴ, 7) ㄴ, 8) ㄹ, 9) ㄷ, 10) ㄹ, 11) ㄱ, 12) ㄴ, 13) ㄱ, 14) ㄷ

낱말 풀이

광합성
녹색 식물이 햇빛을 이용해 자신들의 식량을 만들어내는 과정.

꽃가루받이
식물에서 꽃가루가 암꽃에 전해져 수정을 거쳐 씨가 맺히는 과정.

낱눈
곤충의 겹눈에 들어있는 하나의 눈. 수천 개의 낱눈이 모여 겹눈이 된다.

다세포
여러 개의 세포로 된 몸. 동물과 식물은 다세포 생물이지만 세균은 아니다.

동면
겨울에 동물이 활동하지 않고 몸에서 일어나는 여러 작용들의 속도가 느려진 상태.

되새김질하다
위에 있던 음식물을 입으로 다시 가져와 씹다.

무기질
(1) 금속과 같이 생물의 일부가 아니면서 특정 화학 구조를 가지고 있는 자연 물질,
(2) 생물학에서, 철, 포타슘, 아연과 같이 생물이 필요로 하는 화학 원소.

무척추동물
곤충, 달팽이, 해파리와 같이 등뼈가 없는 동물.

미생물
현미경으로 봐야 보이는 유기체. 세균, 원생생물, 효모 등이 이에 속한다.

분류
생물을 과학적인 등급으로 나누는 것.

산소화된
산소가 공급된.

생물량
서식지의 생물 유기체의 총량 또는 총 무게. 또는 종이나 분류군의 양.

생태계
사막이나 우림과 같이 기후가 비슷한 다른 지역에서 볼 수 있는 주요 유형의 서식지.

생태적 지위
한 종이 서식지에서 하는 역할. 예를 들어 어떤 특정한 종류의 식물을 먹도록 특수하게 진화하는 것.

생태학
생물과 그를 둘러싼 환경과의 관계를 연구하는 학문.

수술
꽃의 수컷 구조 가운데 하나. 꽃가루를 만든다.

스트로마톨라이트
물속에서 광합성을 하는 세균에 의해 차츰차츰 층을 이루며 형성된 암석 언덕.

신진대사
살아 있는 유기체의 내부에서 계속되는 화학 반응.

열수
지구의 암석 안에서 순환하는 뜨거운 물. 해저에 있는 열수구에서는 뜨거운 물이 뿜어 나온다.

원생생물
세포 속에 핵이 있으나 동물이나 식물, 균류가 아닌 유기체. 원생생물은 대부분 현미경으로 봐야 보이며 해양 플랑크톤과 같이 단세포이다.

원핵생물계
세균이 속하는 생물계.

위장
동물이 변장하는 데 도움이 되는 색이나 무늬.

유기체
세균에서 인간에 이르기까지, 살아 있는 모든 생물.

육식성의
주로 고기를 먹잇감으로 삼는 성질.

자연 선택
종에서 가장 성공적인 개체가 더 잘 살아남아 자신의 '성공적인' 유전자를 후세에 전해주는 진화의 과정.

자외선
인간은 볼 수 없고 곤충과 같은 다른 동물에게 보이는 빛의 일종.

적응
(1) 그 환경에서 사는 데 도움이 되는 종의 특징. 예를 들면 몸의 구조와 같은 것.
(2) 종이 환경에 더 잘 맞게 되어가는 과정.

진화
유기체의 한 개체군의 유전자 구성에 한 세대에서 다음 세대 사이에 일어난 변화.

척추동물
물고기, 새, 포유류와 같이 등뼈가 있는 동물.

턱
척추동물의 아래턱. 개미와 같은 곤충이 무는 부분도 턱이라고 부른다.

페로몬
짝을 유혹하거나 위험하다는 경고를 하기 위해 같은 종의 한 동물이 다른 동물에게 발산하는 화학 신호.

표해수대
먼바다의 가장 위층으로, 해수면에서부터 200미터 아래까지의 구역.

핵심종
특정 서식지에서 중요한 한 종. 그 종이 없어지면 그 서식지가 완전히 달라진다.

화석
예전에 살았던 생명체가 파묻혀 보존된 것.

환류
중심점을 축으로 하여 둥글게 돌며 흐르는 거대한 해류.

찾아보기

ㄱ
가시세포 37
가젤 26, 27
가축으로 길들이다 48, 49
갈매기 34, 46
강털소나무 25
개 49
개구리 16, 21, 23, 24
개미 23, 31
거대 쓰레기 섬 39
거미 16, 28, 32, 43
거북이 11, 31, 35
거위 28
게 16, 34, 35
겨울잠 24
겹눈 19
고균 10, 12
고균류 12, 13
고래 16, 39, 43, 44, 45
고릴라 22
고산대 29
고산 식물대 28
고양이 11
곤충 15, 16, 18~19, 25, 27
곤충의 턱 19
곰 16, 29, 33, 44, 45
곰팡이 10, 14, 15, 25
곰팡이류 10
공룡 8, 9
공포의 새 8
광대버섯 15
광합성 14, 15, 37, 38, 40
교살무화과나무 22
균사체 15
그레이트배리어리프 37
그린란드 상어 16
극제비갈매기 42
극지방 42~45
극피동물 16
기각류 43, 45
기린 23
기생충 13
기후 변화 20, 35, 36, 44, 45
길들이기 48~49
깊은 바다 40
까마귀 17
깡충거미 28

ㄴ
꼼치 40
꽃가루받이 14, 30
꿀 14, 30
꿀벌 14, 18
꿀벌란 14

나무 14, 22, 23, 24, 25, 29, 35
나방 9
나비 25
나이테 25
낚시꾼 물고기 41
남극 30, 42~43
남세균 7
너구리 46, 47
네눈박이송사리 32
녹는 얼음 44
녹색 채소 49
농업 48, 49
뇌 31, 47
눈덧신토끼 25
눈표범 29
늑대 29

ㄷ
다람쥐 14, 46, 47
다세포 유기체 6, 7
다윈, 찰스 9
단백질 17
달랑게 34
닭 49
담비 29
대나무 21, 29
대왕판다 21
대화 25, 27, 45
더듬이 19
덤보문어 40
도구를 이용하는 동물 17
도마뱀 31, 46
도시의 야생 동물 46~47
독개구리 23
동면쥐류 24
동물 16~17
동물계 10, 11
동물성 플랑크톤 37
돛새치 38
들소 48
딱따구리 30

딱정벌레 11, 18~19, 23, 31
뗏목거미 32

ㄹ
레드우드 23
레서판다 29

ㅁ
마리아나 해구 13, 40
말 26, 48
말뚝망둑어 35
맛조개 34
맹그로브 35
맹금 46
먹이 사슬 14, 20, 38, 39
먼바다 38~39
메탄 12
멧노랑나비 25
멸종 8, 9
모기 9
모래 언덕 30
무기질 6
무척추동물 7, 16
문어 40
물고기 16, 20, 32, 33, 35, 36, 38, 40, 41
물 뱃사공 33
미생물 6, 7, 12~13
미토콘드리아 14
민물 서식지 32~33
밀랍 22
밀물과 썰물 34, 35

ㅂ
바꾸기 9, 20, 25
바다거미 43
바다의 압력 40
바이러스 12, 13
바퀴벌레 47
박쥐 30
박테리아 7, 10, 11, 12, 13, 41
백화 현상 36
버드나무하늘소 18~19
버섯 10
벌레 16
벌레잡이 식물 15
범고래 16
변경주선인장 30

북극 30, 42~45
북극고래 43
북극곰 44, 45
북부 한대 수림 24
분류 11
분류의 단계 11
불가사리 16, 34
브라시카라파 49
브로멜리아드 23
브론토르니스 8
비둘기 46
비버 21

ㅅ
사막 30~31
사미족 49
사바나 26
사슴 29, 48
사자갈기해파리 39
사향소 43
산 28~29
산소 7, 10, 13, 22, 28, 35
산소 대폭발 사건 7
산업 혁명 9
산에 강한 생물 13
산호 16, 36~37
상어 16, 20, 39
새 8, 16, 17, 26, 28, 34, 35, 42, 43, 46, 47, 49
새소리 46
생명의 기원 6~7
생물량 11
생물 발광 41
생물의 분류 10~11
생태 20~21
생태계 20, 21, 32
생태적 지위 21
선택적으로 교배 49
설치류 29, 47
세발치 40
세쿼이아 23
세포 6, 12, 14, 15, 16, 17
소기관 14, 17
송골매 46
수목선 29
순록 49
숲 22~25
숲의 지붕 22, 23

스트로마톨라이트 7
시베리아호랑이 24
식물 10, 11, 14~15, 28, 29, 49
식물성 플랑크톤 20, 38
신경절 16
신진대사 43
심해 40~41
심해저대 40
씨앗 퍼트리기 14

ㅇ
아고산대 29
아라비안 오릭스 31
아마존 우림 22
아메바 10
아스트라포테리움 8
아프리카대머리황새 26
안경원숭이 17
알 11, 16, 23, 35, 43
양 29
양서류 16
얼룩검은쥐치 36
얼룩말 26, 27
에너지 6, 7, 10, 14, 20, 37
에베레스트산 28~29
여우 46
여우원숭잇과 11
연어 33
연체동물 16
열대 우림 22~23
열수구 6, 12
염색체 14
엽록체 14
영양 26, 27
오랑우탄 17
오록스 48
오소리 46
오염 39
온대림 24~25
올빼미 27, 30, 47
완보동물 12
왜가리 35
외뿔고래 43
요정올빼미 30
원생생물 10
원숭이 29, 33, 46, 47
원시인 48
원핵생물계 10

원형질막 13
월리스, 앨프리드 러셀 9
웨들해 42
유전 10
육식 동물 16
은개미 31
이동 28, 35, 42
이빨고래 44
이산화 탄소 14, 22

ㅈ
자연 선택 8
작물 49
잠복올빼미 27
잠수정 40, 41
잡식 16
전갈 31
절지동물 16, 19
점심해수대 40, 41
정어리 38
조간대 34
조류 7, 10, 20, 22, 36, 37
종의 숫자 11
줄무늬물총고기 32
중심해수대 40, 41
쥐 24, 47
지구 온난화 35, 36, 44, 45
진핵 미생물 12
진화 8~9
질병 13
집약적 농업 49

ㅊ
챌린저 해연 13
척추동물 16
청소부 34, 47
초식 동물 16
초심해저대 40
초원 26~27
침엽수 24, 25
침입종 21

ㅋ
코끼리 16, 17
코요테 27, 46
크릴 20, 39
큰개미핥기 26
큰 고양잇과 동물 11, 24

ㅌ
타닌 25
타이가 24~25
탄소 11
털북숭이 매머드 9
토끼 21
투구게 35
툰드라 42
툰베리, 그레타 11

ㅍ
파리지옥 15
파충류 11, 16, 31, 46
팜파스 26
페로몬 19
펭귄 43
편형동물 16
포식자와 먹잇감의 관계 20
포유류 11, 16
포자 15
표해수대 38, 40
퓨마 47
프레리도그 27
플라스틱 오염 39
피라푸탕가 33

ㅎ
해류 34, 39
해면동물 16
해변 34~35
해초 35, 44
해파리 39
핵 12, 14
핵심종 21
햇빛이 비치는 바다 38, 40
햇빛이 닿지 않는 깊은 바다 40
호랑이 11, 24
화석 7, 9, 29
환형동물 16
황록공생조류 36
황제펭귄 43
회색가지나방 9
효모 10
흑백의 연기를 내뿜는 굴뚝 6
흰긴수염고래 39
흰돌고래 43, 44, 45
히말라야 28~29
히말라야산양 28~29

힌두교 47

ABC
DNA 9, 10, 11, 14

참고한 자료

이 책은 여러 단계를 거쳐서 편찬되었습니다. 글쓴이는 하나하나의 주제마다 믿을 만한 자료를 참고하여 글을 썼습니다. 편집자는 글 속에 인용된 정보에 잘못은 없는지 다른 자료와 대조하며 낱낱이 확인했습니다. 다음에는 분야별 전문가가 내용이 정확한지 감수했습니다. 한국의 옮긴이와 편집자는 원래 영어로 펴낸 이 책의 관점과 표현이 한국의 어린이들에게 적절한지 살펴보면서 내용과 문장을 다듬었습니다. 그 과정에서 참고한 자료는 이 책에 담지 못할 만큼 많습니다. 그중에서 주요 자료를 추려서 아래에 밝힙니다.

p.6-7 Dodd, MS, Papineau, D, Grenne, T et al. "Evidence for early life in Earth's oldest hydrothermal vent precipitates," Nature, 543 (7643) (2017); Marshall, Michael. Fossilized microbes from 3.5 billion years ago are oldest yet found, www.newscientist.com. **p.8-9** Buffetaut, Eric. "Teritiary ground birds from Patagonia (Argentina) in the Tournouër collection of the Muséum National d'Histoire Naturelle, Paris," Bulletin de la Société Géologique de France,185 (3): 207-214 (2014); Peppered Moth Selection, www.mothscount.org. **p.10-11** Classification of Life, www.moana.hawaii.edu; Panko, Ben. What does it mean to be a species? www.smithsonianmag.com. **p.12-13** Biello, David. How Microbes Helped Clean BP's Oil Spill, www.scientificamerican.com; Makarova, Kira S., L. Aravind, Yuri I Wolf, Roman L. Tatusov, Kenneth W. Minton. Eugene V. Koonin, and Michael J. Daly. "Genome of the Extremely Radiation-Resistant Bacterium Deinococcus radiodurans Viewed from the Perspective of Comparative Genomics," Microbiology and Molecular Biology Reviews 65(1): 44-79 (Mar 2001). **p.14-15** Bee orchid, www.wildlifetrusts.org; Forterre, Yoël, Jan M. Skothem, Jacques Dumais, and L. Mahadevan. How the Venus flytrap snaps, www.nature.com. **p.16-17** Deep sea corals may be oldest living marine organism, www.linl. gov; Marshall, Michael. Zoologger: A primate with eyes bigger than its brain. www.newscientist.com; Spelman, Dr. Lucy. Animal Encyclopaedia. (Washington, DC, US: National Geographic, 2012). **p.18-19** Mora, Camilo, Derek P. Tittensor, Sina Adl, Alastair G.B. Simpson, and Boris Worm. "How Many Species Are There on Earth and in the Ocean?" PLOS Biology, 2011. **p.20-21** Dorling Kindersley, Eds. The Ecology Book. (London: DK Publishing, 2019); Feral European Rabbit, www.environment.gov.au; Giant Panda, www.nationalgeographic.com; Singer, Fred. D. Ecology in Action. (Cambridge, UK; Cambridge University Press, 2016). **p.22-23** Martin, Glen. "Humboldt County/World's Tallest Tree, A Redwood, Confirmed," www.sfgate.com; Western Lowland Gorilla, wwf.panda. org. **p.24-25** Bachman, Chris. Do Bears Really Hibernate, www.nationalforests.org; Grant, Rick. Do Trees Talk to Each Other? www.smithsonianmag.com; Tree Rings (Dendrochronology), www.scied.ucar.edue; waleed. Siberian Tiger Facts, www.siberiantiger.org. **p.26-27** Slobodchikoff, C.N. and J. Placer. "Acoustic structures in the alarm calls of Gunnison's prairie dogs," www. pubmed.ncbi.nih.gov; Smith, Paul. Giant Anteater, www.faunaparaguay.com; Suttie, J.M., S.G. Reynolds, and C. Batello. Grasslands of the World. (Rome: Food and Agriculture Organization of the United Nations, 2005). **p.28-29** Chatterjee, Souvik. High Altitude Plants Discovered in the Himalayas. www.glacierhub.org; Wanless, F.R. Spiders of the Family Salticidae from the Upper Slopes of Everest and Makalu, www.britishspiders.org. **p.30-31** Hamilton, Wiliam J. III and Mary K. Seely. "Fog Basking by the Namib Beetle, Onymacris unguicularis," Nature 262, 284-285 (1976); Scorpions glow in the dark to detect moonlight, www.newscientist.com. **p.32-33** Keeling, Jonny. Seven Worlds, One Planet. (London: BBC Books, 2020); Riley, Alex. The fish that makes long and short-range water missiles, www.bbc.co.uk. **p.34-35** Clark, Nigel. Getting to the Arctic on time: Horseshoe Crabs and Knots in Delaware Bay. www.sovon.nl; Dorling Kindersley, eds. Ocean: a visual encyclopaedia. (London: DK Publishing, 2015). **p.36-37** In What Types of Water Do Corals Live? www.oceanservice.noaa.gov. **p.38-39** Blue Whale, www.acsonline.org; Brassey, Dr. Charlotte. A mission to the Pacific Plastic Patch. www.bbc.co.uk; Sailfish, www.floridamuseum.ufl.edu. **p.40-41** Fox- Skelly, Jasmin. What does it take to live at the bottom of the ocean? www.bbc.co.uk; Layers of the Ocean, www. weather.gov; McGrouther, Mark. Spiderfishes, Bathyerois spp, www.australianmuseum.net.au. **p.42-43** Chapelle, Gauthier and Lloyd S. Peck. "Polar gigantism dictated by oxygen availability," Nature 399, 114-115 (1999); Egevang, Carsten. Migration and Breeding Biology of Arctic Terns in Greenland. (Denmark: Greenland Institute of Natural Resources and National Environmental Research Institute (NERI), 2010); Emperor Penguins, www.antarctica.gov. au. **p.44-45** Arctic summer 2018: September extent ties for sixth lowest, www.nsidc.org; Leahy, Stephen. Polar Bears Really Are Starving Because of Global Warming, Study Shows, www.nationalgeographic.com. **p.46-47** Beans, Carolyn. Lizard gets to grips with city life by evolving stickier feet, www.newscientist.com; Wiley, John P. Jr. When Monkeys Move to Town, www.smithsonianmag.com. **p.48-49** Blakemore, Erin. Ancient DNA Study Pokes Holes in Horse Domestication Theory, www.nationalgeographic. com; Kole, C. ed. Oilseeds, Genome Mapping and Molecular Breeding in Plants. (Berlin, Heidelberg: Springer, 2007).

사진과 이미지 출처

이 책에 사진과 이미지를 싣도록 허락해 주신 분들께 감사의 말씀을 드립니다. 사용한 사진과 이미지의 출처를 명확하게 밝히기 위해서 최선을 다했습니다만, 혹시라도 잘못 표기했거나 빠뜨린 부분이 있다면 너른 이해를 부탁드립니다. 다음 판에서 바로잡도록 하겠습니다.

위치 표시 : 위(t), 아래(b), 왼쪽(l), 오른쪽(r), 가운데(c)

p.4 istock/marcouliana; p.6br 123rf.com/ alexutemov; p.7t istock/Samtoon; p.7t istock/runLenarun; p.7t istock/vectorwin; p.7cr 123rf.com/Alexey Romanenko; p.7bcr Image courtesy of Michael D. Bay; p.7bl istock/Totajla; p.9cl istock/Ivan Mattioli; p.9c Dreamstime/Yehor Vlasenko; p.9br Dreamstime/Elena Shvoeva; p.11c 123rf.com/neyro2008; p.11cr istock/Anolis01; p.11bl istock/Vectorios2016; p.12t Science Photo Library/Eye of Science; p.12br Science Photo Library/Power and Syred; p.13tl 123rf.com/William Roberts; p.13tr Science Picture Co/SF/Superstock; p.13cr istock/DavorLovincic; p.13bl 123rf.com/ Steven Heap; p.14tc Kevin Sawford/imageBROKER/Superstock; p.14br Dreamstime/Olga Deeva; p.15cr Image courtesy of Matthew p. Nelsen; p.15bl 123rf.com/Albertus Engbers; p.16 123rf.com/Daranee Himasuttidach; p.16 123rf.com/Ansnasiia Lavrenteva; p.16 123rf.com/ Brankica Vlaskovic; p.16 123rf.com/ Elena Kozyreva; p.16 123rf.com/ Evgenii Naumov; p.16 123rf.com/archivector; p.16 123rf.com/ Loveleen Kaur; p.16 123rf.com/seamartini; p.16 123rf.com/robuart; p.16 123rf.com/ route55; p.16 123rf.com/Liane Nothaft; p.17tcr Dreamstime/Nurlia Rasmi; p.17cr Image courtesy of Karen McComb; p.18-19 Anton Sorokin/Alamy; p.18cl 123rf.com/Oleksandra Sosnovska; p.20tr Superstock; p.21cl Dreamstime/Chase Dekker; p.21bl 123rf.com/Levente Janos; p.21bl 123rf.com/Veronika Gotovceva; p.22cr istock/ ANDREYGUDKOV; p.22r 123rf.com/ Yevgenii Movliev; p.23bl 123rf.com/Sergey Siz'kov (frog); p.23bl istock/Mark Kolpakov (skull); p.24br Animals Animals/Superstock; p.25tc Dreamstime/Philip Kinsey; p.25bl 123rf.com/Ljubisa Sujica (insect); p.25bl Dreamstime/Elena Tumanova (tree); p.25br Marli Miller/Alamy; p.26-27b Dreamstime/Jo Reason; p.26t Morales/age fotostock/Superstock; p.26c Dreamstime/ Roman170976; p.27cr Image courtesy of Tal Avgar; p.28cl 123rf.com/Dennis Jacobsen (tahr); p.28tc 123rf.com/Oleg Serkiz (spider); p.28tr Dreamstime/Agami Photo Agency (goose); p.29tc Dreamstime/Walter Arce (leopard); p.29bl istock/gui00878 (panda); p.29bc Dreamstime/Akhilesh Sarfare (langur); p.29cr istock/ePhotocorp (pheasant); p.30r Nature Collection/ Alamy; p.31tr Dreamstime/Delstudio; p.31cl istock/Diane Labombarbe; p.31cr Image courtesy of Kristin H. Berry; p.31bc Animals Animals/Superstock; p.32tr Nature Picture Library/Stephen Dalton; p.32cl NaturePL/Superstock; p.32bl Stephen Dalton/Minden Pictures/Superstock; p.33br istock/Tombolato Andrea; p.34tr istock/TrevorFairbank; p.34cl Dreamstime/ Daseaford; p.34cr Dreamstime/Julio Salgado; p.34bl Dreamstime/Natakuzmina; p.34br istock/rockptarmigan; p.35tl Nature Picture Library/Laurie Campbell; p.35tc robertharding/Superstock; p.35tr Peter Lilja/age fotostock/Superstock; p.35c Dreamstime/Lorrainehudgins; p.35cr Image courtesy of Dr. Gil Rilov; p.35bc Dreamstime/Jarous; p.36-37 Alexis Rosenfeld/Getty; p.36tcl 123rf.com/ wrangel (surgeonfish); p.37tr 123rf.com/ designua; p.39t istock/cienpies; p.39tr Dreamstime/Vladimir Velickovic; p.39c istock/Nigel Marsh; p.39cr istock/vladoskan; p.41cr Image courtesy of Monika Bright; p.41bl Nature Picture Library/Jeff Rotman; p.42tr 123rf.com/Taras Adamovych; p.43tr Minden Pictures/Superstock; p.43cr Encyclopaedia Britannica, Inc.; p.45tr 123rf.com/Vladimir Seliverstov; p.46tl istock/ FRANKHILDEBRAND; p.46cl Dreamstime/ Dimityr Rukhlenko; p.46cr istock/yhelfman; p.46bl istock/Shelly Bychowski; p.47tl paul kennedy/Alamy; p.47tc 123rf.com/ Feng Yu; p.47cr istock/gan chaonan; p.47bl Dreamstime/Taras Adamovych; p.47br istock/dzphotovideo; p.48tr Wikimedia Commons; p.49cl Dreamstime/ Ivonne Wierink; p.49cr Gilles Barbier/ imageBROKER/Superstock; p.49b istock/ Eriklam (dogs); p.49br istock/ValerijaP (wolf); p.50 Image courtesy of Kevin Foster; Image courtesy of Janice Lough; Image courtesy of Dino J. Martins.

이 책을 만든 사람들

글

마이클 브라이트
영국 BBC 방송국의 자연사 부문 프로듀서로 일하면서 많은 자연 과학 프로그램을 제작했다. 왕립생물학회 회원이며, 자연 과학 분야의 책을 백 권 가까이 썼다. 영국 브리스톨에 살고 있다.

그림

마크 러플
20년 동안 일러스트레이터와 디자이너로 일했다. 동물과 사람, 과학과 관련된 모든 것을 그림으로 표현하는 것을 좋아한다.

잭 타이트
영국 레스터의 일러스트레이터이자 동화 작가이다. 그림을 그리지 않을 때에는 가까운 야생 동물 보호 지역에서 새를 관찰하는 것을 좋아한다.

옮김

한국백과사전연구소
엔사이클로피디어 브리태니커의 한국 지사인 한국브리태니커회사에서 다양한 백과사전을 만들었던 백과사전 전문가 집단이다. 오랜 경험에 바탕을 둔 '안목'과 '균형'을 바탕으로, 시대에 맞는 새로운 백과사전을 연구하고 만드는 일을 하고 있다.

감수

탈 애브가 미국 로건, 유타 주립 대학교
마이클 베이 박사 미국 에이다, 이스트센트럴 대학교
크리스틴 베리 미국 리버사이드, 미국 지질 조사국 서부 생태 연구 센터
모니카 브라이트 오스트리아 빈, 빈 대학교
케빈 포스터 교수 영국 옥스퍼드, 옥스퍼드 대학교
앨릭잰더 휴린 교수 미국 터스컬루사, 앨라배마 대학교
재니스 러프 오스트레일리아 타운즈빌, 오스트레일리아 해양 과학 연구소
디노 마틴스 케냐 나뉴키, 음팔라 연구 센터
카렌 맥콤 교수 영국 팔머, 서섹스 대학교
매튜 넬슨 미국 시카고, 필드 자연사 박물관
그레고리 노와키 미국 밀워키, 미국 산림청
존 래퍼티 미국 시카고, 엔사이클로피디어 브리태니커
길 릴로프 박사 이스라엘 하이파, 국립 해양학 연구소, 이스라엘 해양학 및 조류학 연구 센터
린다 월터스 박사 미국 올랜도, 센트럴플로리다 대학교

브리태니커 지식 백과 4
신비롭고 다양한 생물

엮음 크리스토퍼 로이드
글 마이클 브라이트
그림 마크 러플, 잭 타이트
옮김 한국백과사전연구소

초판 1쇄 펴낸날 2022년 6월 8일 | 초판 4쇄 펴낸날 2024년 6월 20일

편집장 한해숙
기획편집 신경아, 한국백과사전연구소
디자인 최성수, 이이환
마케팅 박영준, 한지훈
홍보 정보영, 박소현
경영지원 김효순

펴낸이 조은희
펴낸곳 (주)한솔수북
출판등록 제2013-000276호
주소 03996 서울시 마포구 월드컵로 96 영훈빌딩 5층
전화 02-2001-5822(편집), 02-2001-5828(영업)
전송 0303-3440-0108
전자우편 isoobook@eduhansol.co.kr
블로그 blog.naver.com/hsoobook
인스타그램 soobook2
페이스북 soobook2

ISBN 979-11-7028-952-4, 979-11-7028-948-7(세트)

어린이 제품 안전 특별법에 의한 제품 표시
| 품명 도서 | 사용연령 만 7세 이상 | 제조국 대한민국 | 제조자명 ㈜한솔수북
| 제조연월 2024년 6월

＊값은 뒤표지에 있습니다.

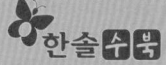

BRITANNICA ALL NEW CHILDREN'S ENCYCLOPEDIA
'브리태니커 북스'는 엔사이클로피디어 브리태니커와 왓언어스 출판사가 제휴하여 설립한 임프린트입니다. 이 책은 영국에서 처음 출판되었습니다.

개발 투칸 북스
아트 디렉터·표지 디자인 앤디 포쇼
표지 그림·레터링 저스틴 폴터
표지 이미지 istock /hsvrs; /7activestudio; /digihelion; /GlobalP
머리말 제이 루버링
감수 탈 애브가, 마이클 베이, 크리스틴 베리, 모니카 브라이트, 케빈 포스터, 앨릭잰더 휴린, 재니스 러프, 디노 마틴스, 카렌 맥콤, 매튜 넬슨, 그레고리 노와키, 존 래퍼티, 길 릴로프, 린다 월터스

투칸 북스
| 편집장 엘렌 듀폰 | 시니어 디자이너 토마스 킨스 | 시니어 에디터 도로시 스태나드 | 디자이너 테사 바인드러브, 니콜라 어드프레서, 리아 저먼, 일레인 휴슨, 데이브 존스, 리 리치스 | 에디터 존 앤드류스, 줄리 브루크, 캐런 브라운, 앨리시아 도런, 피오나 플로먼, 레이첼 워렌채드 | 어시스턴트 에디터 마이클 클라크
| 에디토리얼 어시스턴트 가브리엘 핸드버그 | 찾아보기 마리 로리머 | 사진 조사 수재너 제이스 | 교정 돌로레스 요크

엔사이클로피디어 브리태니커
| 편집 관리 책임 앨리슨 엘드리지 | 시니어 에디터, 철학·법·사회과학 브라이언 디그난 | 시니어 에디터, 천문학·우주 탐사·수학·물리학·컴퓨터·무기 화학 에릭 그레거슨 | 시니어 에디터, 지리학·사하라 이남 아프리카 에이미 매케너 | 어시스턴트 에디터, 식물·환경 과학 멜리사 페트루젤로 | 에디터, 지구·생명과학 존 래퍼티 | 에디터, 유럽 역사·군사 마이클 레이 | 시니어 에디터, 생의학 카라 로저스 | 교정 책임 에이미 티커넨 | 매니저, 지리·역사 제프 월렌펠트 | 어시스턴트 에디터, 중동 애덤 지단 | 어시스턴트 에디터, 예술·인문학 알리샤 젤라즈코 | 팩트 체크 책임 조앤 라코우스키 | 팩트 체크 피아 비글로우, 레트리샤 딕슨, 윌 고스너, 아르 그린

왓언어스 출판사
| 발행인 낸시 페레스틴 | 편집 주간 나탈리 벨로즈 | 아트 디렉터 앤디 포쇼
| 주니어 디자이너 데이지 사임스 | 제작 관리 알렌카 오블락

이 책의 원저작물에 대한 모든 권리는 따로 표시한 것을 제외하고 왓언어스와 엔사이클로피디어 브리태니커에 있으며, 한국어판에 대한 권리는 영국의 더라이트솔루션사와 한국의 ㈜디에디터를 통한 저작권자와의 계약에 의해 ㈜한솔수북에 있습니다. 이 책의 어떤 부분도 서면으로 된 승인 없이는 어떤 형태와 어떤 의미로든 복제하거나 전송할 수 없습니다. 여기에는 전자적이거나 기계적인 모든 방법, 복사와 녹음을 포함한 모든 형태, 정보 저장이나 검색과 같은 모든 정보 처리 방법이 포함됩니다.

Text © 2020 What on Earth Publishing Ltd. and Britannica, Inc.
Illustrations © 2020 What on Earth Publishing Ltd. and Britannica, Inc., except as noted in the credits on p.56.
www.whatonearthbooks.com

All rights reserved. No part of this publication may be reproduced or transmitted in any form or by any means, electronic or mechanical, including photocopying, recording, or any information storage or retrieval system, without permission in writing from the publishers.

Korean edition © 2022 Hansolsoobook Publishing Co.
Korean translation rights arranged with What On Earth Books through The Rights Solution, UK and The Editor, Seoul, Korea.

Printed and bound in Republic of Korea

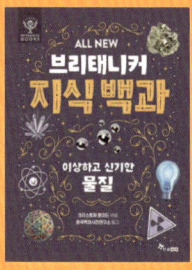

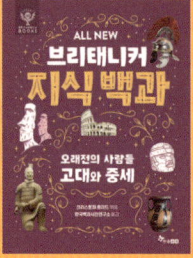

브리태니커 지식 백과 전 8권

1. 세상의 시작과 끝, 우주
2. 푸른빛 행성, 지구
3. 이상하고 신기한 물질
4. 신비롭고 다양한 생물
5. 세상을 새롭게 바꾼 인간
6. 오래전의 사람들, 고대와 중세
7. 변화와 발전의 시대, 근대와 현대
8. 우리가 함께하는 오늘과 내일